佐藤ジュンコのおなか福《ふく》福《ふく》日記

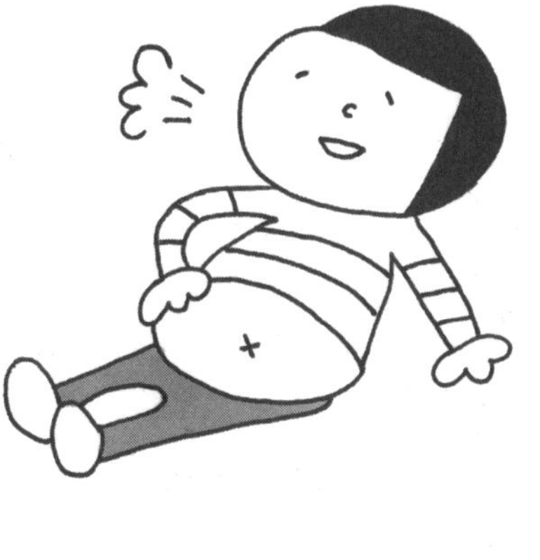

ミシマ社

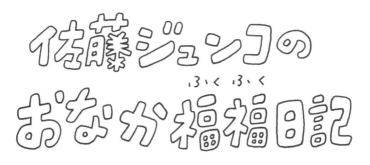

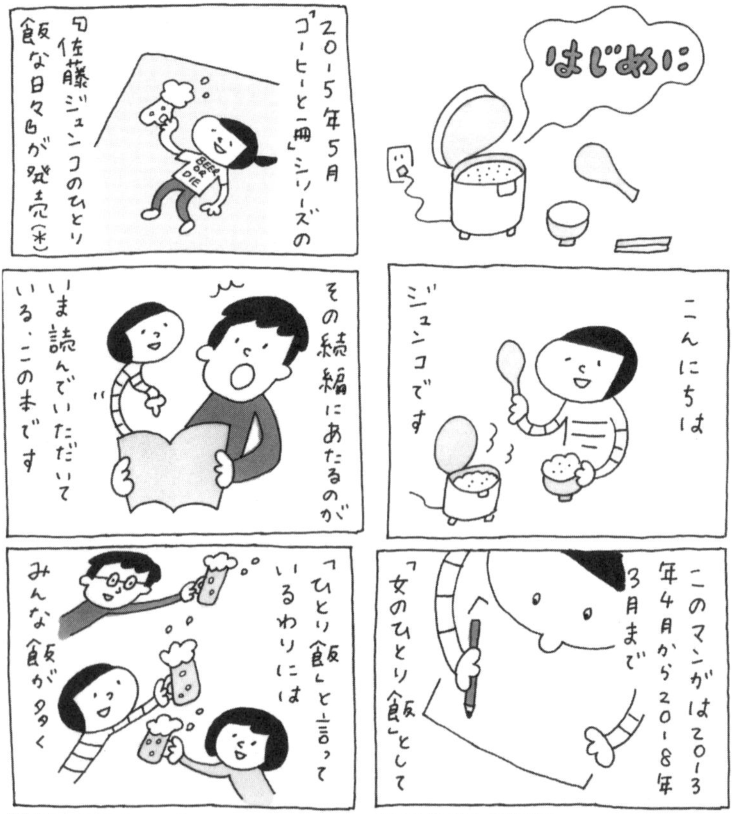
はじめに
こんにちは
ジュンコです
このマンガは2013年4月から2018年3月まで
「女のひとり飯」として
ミシマ社のウェブマガジン「みんなのミシマガジン」に
連載していたものです
2015年5月
「コーヒーと一冊」シリーズの
『佐藤ジュンコのひとり飯な日々』が発売(※)
BEER OR DIE
その続編にあたるのが
いま読んでいただいている、この本です
「ひとり飯」と言っているわりには
みんな飯が多く
自炊率が少ないのは
ご愛嬌ということで

＊「女のひとり飯」第1回〜第20回を収録。本書では第21回〜最終回を収録。

『佐藤ジュンコのおなか福福日記』目次

はじめに……002

I 2014/12〜2015/11

冬将軍VS鍋奉行号（2014.12）……008
ストップ・ザ・正月太り号（2015.01）……012
ひとりでも大鍋いっぱい号（2015.02）……016
峩々温泉へ女のひとり旅号（2015.03）……020
ビールがやってくるギョーザ！ ギョーザ！ ギョーザ！ 号（2015.04）……024
冷えピタ・ブレスミー号（2015.05）……028
ニイガタ・ジェット・セット略してNJS号（2015.06）……032
仙台ひとり飯巡礼号（2015.07）……036
よこしまなひとりの座らない女号（2015.08）……040
サンマーソニックのちイカフェス号（2015.09）……044
仙台文学館で夢二式ごはん号（2015.10）……048
おいしいコロッケ食べたいナリ号（2015.11）……052

Ⅱ

Ⅲ 2016/2～2016/12

IV 2017/1～2018/3

20年ごしのテンヤ飯号（2017.01）……144
むしろカウンターのほうが号（2017.02）……148
佐藤ジュンコ（38）展します号（2017.03）……152
佐藤ジュンコ（38）展しました号（2017.04）……156
あのゴングを鳴らすのはギョービ号（2017.05）……160
秋田よいとこ三度も四度も何度でもおいで号（2017.06）……164
お神楽お神酒で乾杯号（2017.08）……168
夏野菜オールスター感謝祭号（2017.08）……172
NJS（ニイガタ・ジェット・セット）ふたたび号（2017.09）……176
Bar Roadへいらっしゃい！号（2017.10）……182
暖かくて寒くて温かい冬号（2017.11）……186
遠くて近い里の味号（2017.12）……190
ノーつきたて餅ノー正月号（2018.01）……194
同じ釜の飯もいいけど同じ鍋の旬もいい号（2018.02）……198
続・同じ釜の飯もいいけど同じ鍋の旬もいい号（2018.03）……202
おわりに……206

I

2014.12 ~ 2015.11

女のひとり飯
2014.12
㉑冬将軍VS鍋奉行
こんにちは
ジュンコです
仙台でも
冬将軍様が
イメージ
いよいよ本気を
お出しになりやがり候です
イメージ
福島生まれの
福島育ち
キビタン
仙台ぐらしの
東北人ですが
諸事情あって
省略します
大変残念なことに
寒冷地仕様でなく
プールのあとのように唇が
紫色になりがちなうえ
骨がきしきし痛くなります

脳みそが凍って
いいえー 寒さにー 負けたーー
おかしな歌まで でてきます
台所が
極寒の地のため
パリン
めっきり足が 遠のきがち
トントン
これじゃますます ひとり飯の しみったれ度が 上がってしまう… タイトルから 飯が消えて しまうかも…
そこで新兵器導入
ホーロー鍋
お鍋を買いました
街なかの 金物屋さんにて
土鍋として 使っても いいわよ
へー
朝市で
あれも
これも
それも
仕入れして
切りまくり
えいやっ

入れまくり
しゅばばば
ばばば
入れすぎですよー
フタがしまらない
やればできる!!
こんなときこそ精神論
ぎゅうぎゅう
キャー
あとは念じて待つのみ
おいしくなーれ
にんにん
ぐつぐつ
あら不思議
お料理してると寒くない
あっあっ
野菜どっさりひとり鍋
完成!!
を
ぺろりと
完食!!
あと片づけの頃には
台所はすでに
シベリアでした

朝市で買いこんだ
お野菜もどれも
おいしかったけど
わっせわっせ
いちばんおいしかった
のは
おすそわけの
大根
ともだちご夫妻の
おうちにおじゃまして
お昼ごはんを
いただいた
ときのこと
タケミさん
ゆみっぺさん
ピンポーン
戻ってきたゆみっぺさんの
手には
立派な大根が!!!
ご近所さんがおうちの
畑でとれたものを
もってきてくれたそう
仙台に住んで18年
近くでとれた
お野菜を
いただく
のは
たぶんはじめて
いいなあ私も
お野菜つくったり
あげたりしたいなあ
鍋の次は畑がほしく
なりました

女のひとり飯
2015.1
22 ストップ・ザ・正月太り号
何年ぶりかで
里帰りして年越し
こんにちは
ジュンコです
おなかが鏡餅
はーどすこい
正月太りしたひと
この指とーまれ
私の実家では大晦日の夜からおせちです
黒豆、かまぼこ、伊達巻、栗きんとん、昆布巻
いか人参
煮物
煮豆と数の子
鰤《ぶり》の煮付
はーい
むちむち
ぎゅうぎゅう

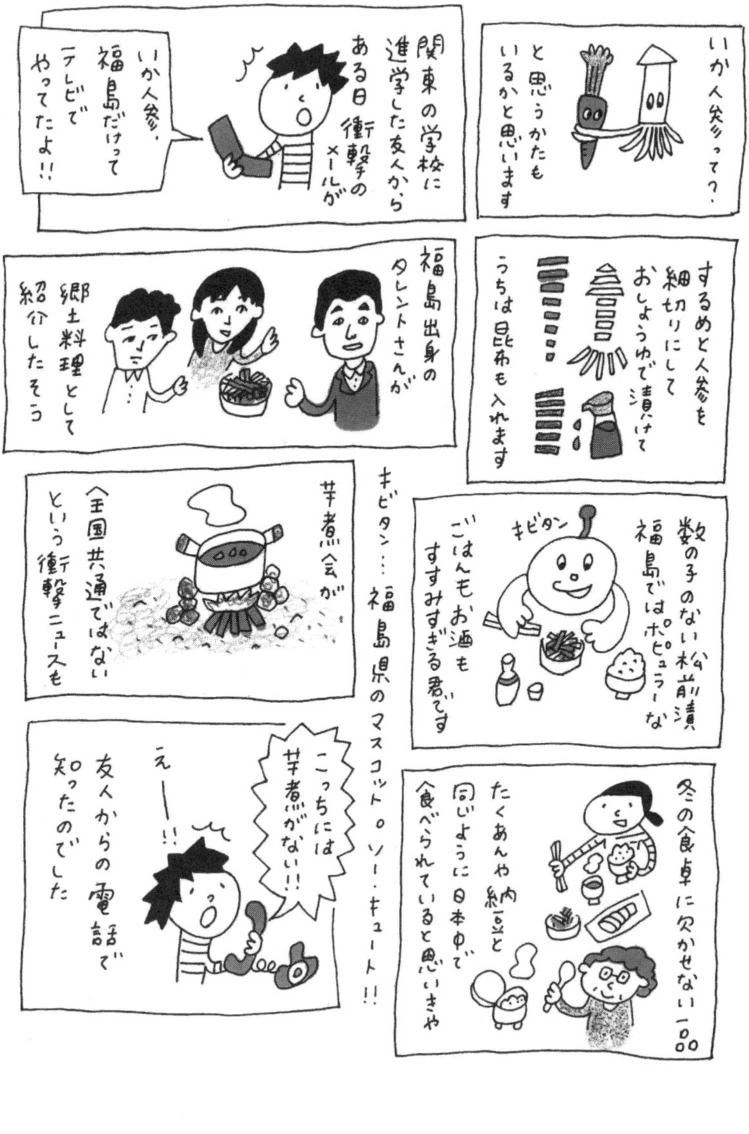
いか人参って？
と思うかたもいるかと思います
関東の学校に進学した友人からある日衝撃のメールが
いか人参、福島だけってテレビでやってたよ!!
するめと人参を細切りにしておしょうゆで漬けて
うちは昆布も入れます
福島出身のタレントさんが
郷土料理として紹介したそう
数の子のない松前漬
福島ではポピュラーな
キビタン
ごはんもお酒もすすみすぎる君です
キビタン…福島県のマスコット。ソー・キュート!!
芋煮会が
〈王国共通ではない〉という衝撃ニュースも
冬の食卓に欠かせない一品
たくあんや納豆と同じように日本中で食べられていると思いきや
こっちには芋煮がない!!
えー!!
友人からの電話で知ったのでした

神様にお供え物して
三が日までお詣《まい》りします
釜神さまにも
お祈りして
新年もおいしく
うれしくたのしく
ごはんが食べられ
ますように
お詣りといっても
敷地内ですが
ぱん
ぱん
たくさんあって未だ
把握しきれず
これでやっと
夜ごはん
スタートです
いただきまーす
いまさらですが
父に尋ねると
神棚
お伊勢さま
氏神さま
……
ふむふむ
すべての神様にお詣り
してからでないと
お正月は
ごはんが食べられない
ルールになってまして
外にもお詣り
ポイントがあるのです
あと釜神さま
…でもどうせ
お前は料理
しないから
いいんじゃないの
するもん!!
拝ませて!!
ひと悶着の末
小さい頃は
雪ふってる
寒いから
いやだー!!
早く
拝んでこーい!!
なんて
だだこねたり
いまはなかなか
たのしいです

GGGC：がりがりガーリーキャンペーン

2016年からは
「つれづれ My Favorite Things」

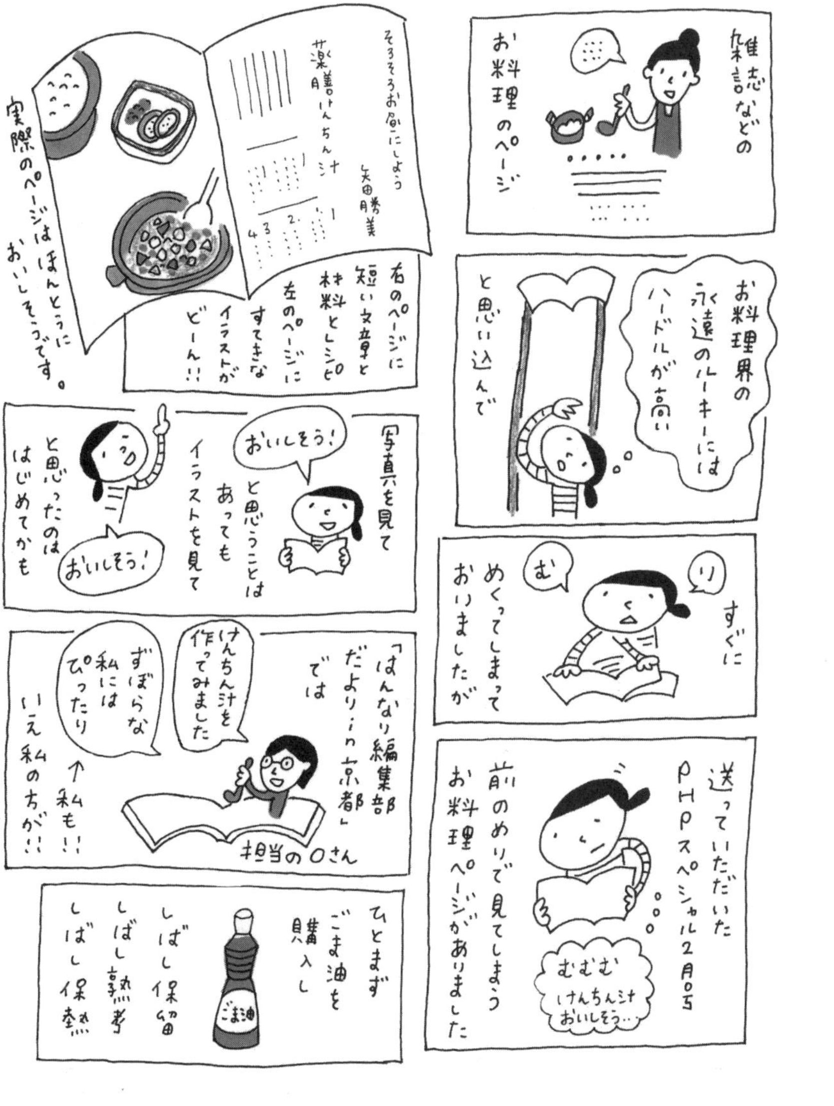

雑誌などの
お料理のページ
お料理界の
永遠のルーキーには
ハードルが高い
と思い込んで
すぐに
り
む
めくってしまって
おりましたが
送っていただいた
PHPスペシャル2月号
前のめりで見てしまう
お料理ページがありました
むむむ
けんちん汁
おいしそう…
そろそろお鍋にしよう
薬膳けんちん汁
矢田勝美
実際のページはほんとうに
おいしそうです。
右のページに
短い文章と
材料とレシピ
左のページに
すてきな
イラストが
どーん!!
写真を見て
おいしそう!
と思うことは
あっても
イラストを見て
おいしそう!
と思ったのは
はじめてかも
「はんなり編集部
だより in 京都」
では
けんちん汁を
作ってみました
担当のOさん
ずぼらな
私には
ぴったり
↑
私も!!
いえ私の方が!!
ひとまず
ごま油を
購入し
しばし保留
しばし熟考
しばし保熱
ごま油

けんちん熱がだいぶ発酵した頃
ピンポーン
宅急便です
母からの
はーい
サインおねがいします
愛の救援物資箱
中身は
けんちんオールスターズ
あとは
畑でそのまま収穫できないものたちを調達するのみ
スーパーでお買い物して
永遠のルーキーがいよいよレシピを手に
キッチンに立つときがやってきてしまいました
切る
炒める
煮る

PHPスペシャル
矢田勝美さん連載(～2015年6月号)
「いつも頑張るわたしにごほうび
そろそろお昼にしよう」より

女のひとり飯
2015.3
24 峩々温泉へ
女のひとり旅号
こんにちは
ジュンコです
峩々温泉に
行ってきました
がが、と読みます
山我々
初めての峩々温泉
予習しなくちゃ
GAGAGA
GAGA
まずは「峩々」と上手に書けるよう
漢字の練習からはじめました
山我々
山我々
山我々
山のしたの我々と書くのは
山のふもとの温泉にぴったりの字です
蔵王のお釜
取材と打ち合わせでおじゃましたのですが
注意事項はこの一点のみ
ゆっくりしておいでー
佐々木印刷所
佐々木社長
雪靴必須
ドクターマーチンの8ホールで武装して
長距離バスにのりこみました

ストン
終点で降りるとお迎えの車がいます
いらっしゃいませ〜
がが
がが
妄想はよい方向に裏切られて
お待たせしました
私の知っている温泉とは違うような気がしてきました
駅前旅館 井伏鱒二
まっしろな景色を車はどんどん進みます
こんなに白い風景は生まれてはじめてです
雪が道沿いの枝にこんもりつもって
雪のトンネルのよう
左右は雪の壁です
わー!!
つきましたよ
まっしろいお布団をかぶった山我々温泉
はじめて来るのになつかしい景色

峩々温泉は
竹内さんファミリーが
営んでいます
弟
やすゆきさん
兄
ひろゆきさん
談話室には
まきストーブ
水出しコーヒー
身も心もぽかぽか
目の前で
「女のひとり飯」を
読む竹内兄弟
どきどき
なつかしい
ここよく
行ってた!!
次の
うちあわせは
立ち飲みだ!!
わーい
わーい
お昼ごはんは
あこがれのまかない
ごはん
めしあがれー
お野菜たっぷり
うーめんです
白石温麺
しろいし
うーめん
江戸時代
孝行息子が
胃腸の弱い父のため
油を使わずおなかに
やさしい麺を作ったのが
はじまりです
ひとり旅はたのしみ
だけど
ひとり膳はさみしい
なあ…と思っていたので
まかない家族ごはんに
おじゃまできて
とてもうれしく
しあわせです
おいしい!!
おやつは
手づくり
ジンジャーケーキ

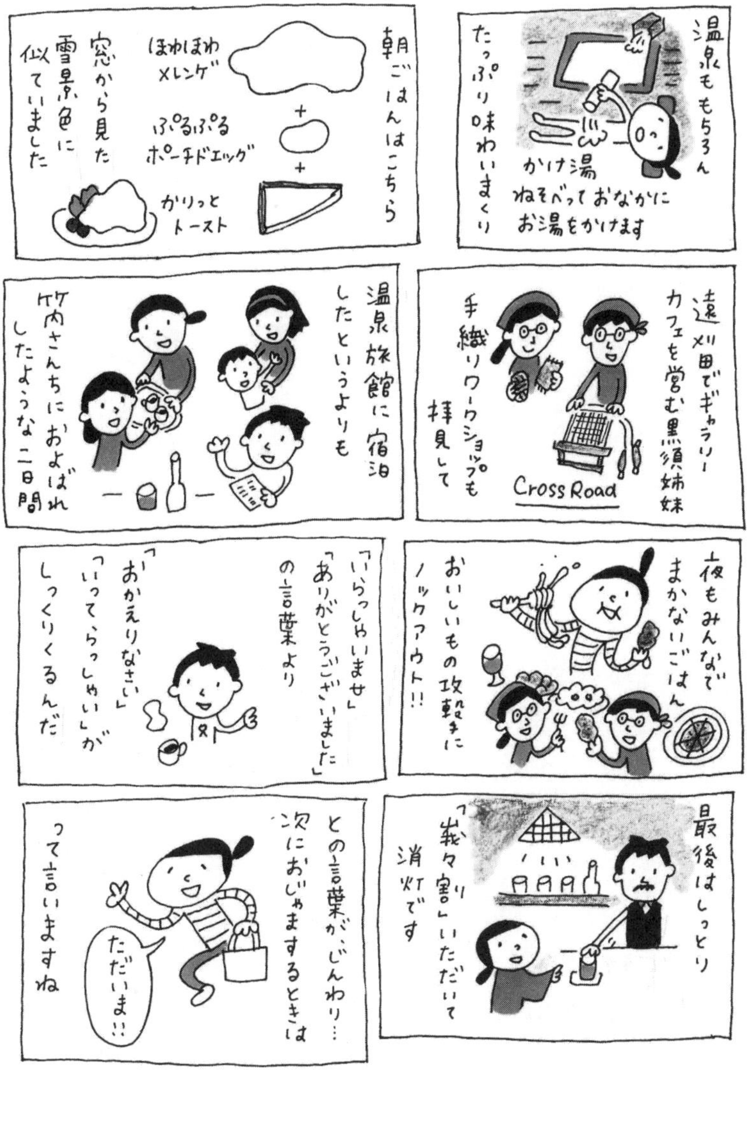

温泉もちろん
たっぷり味わいまくり
かけ湯
ねそべっておなかにお湯をかけます
朝ごはんはこちら
ほわほわメレンゲ
ぷるぷるポーチドエッグ
かりっとトースト
窓から見た雪景色に似ていました
遠刈田でギャラリーカフェを営む黒須姉妹
手織りワークショップも拝見して
Cross Road
温泉旅館に宿泊したというよりも
竹内さんちにおよばれしたような二日間
夜もみんなでまかないごはん
おいしいもの攻勢に
ノックアウト!!
「いらっしゃいませ」「ありがとうございました」の言葉より
「おかえりなさい」「いってらっしゃい」がしっくりくるんだ
最後はしっとり
「峩々割り」いただいて
消灯です
との言葉がじんわり…
次におじゃまするときは
ただいま!!
って言いますね

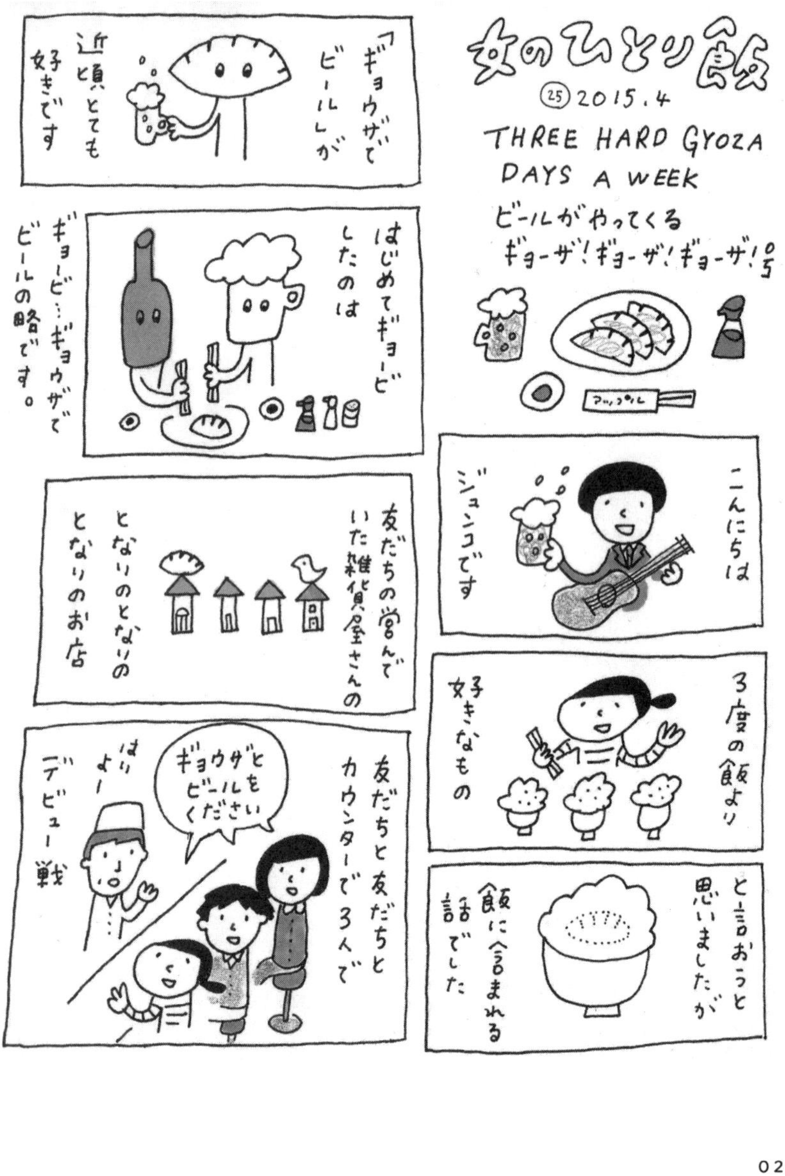
女のひとり飯
㉕ 2015.4
THREE HARD GYOZA DAYS A WEEK
ビールがやってくる
ギョーザ！ギョーザ！ギョーザ！
こんにちは
ジュンコです
3度の飯より
好きなもの
と言おうと思いましたが
飯に含まれる
話でした
「ギョウザでビール」が
近頃とても
好きです
はじめてギョービ
したのは
ギョービ…ギョウザで
ビールの略です。
友だちの営んで
いた雑貨屋さんの
となりのとなりの
となりのお店
友だちと友だちと
カウンターで3人で
ギョウザと
ビールを
ください
はーい
よー
デビュー戦

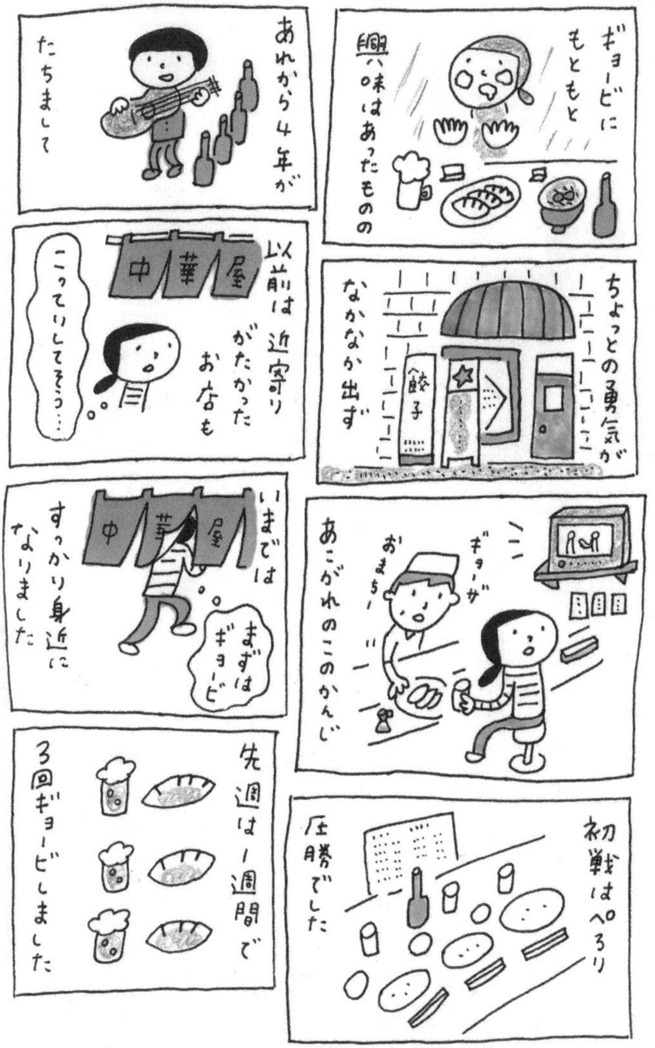

ギョービに
もともと
興味はあったものの
ちょっとの勇気が
なかなか出ず
餃子
あこがれのこのかんじ
ギョーザおまち！
初戦はぺろり
圧勝でした
あれから4年が
たちまして
以前は近寄りがたかった
お店も
こってりしてそう…
いまでは
すっかり身近になりました
まずはギョービ
先週は1週間で
3回ギョービしました

水曜日
打ち合わせ
木曜日
打ち合わせ
土曜日
打ち上げ
こんなにギョービばかりしてたら
ギョービになっちゃう…
ギョーザはまだしも腹が…
減酒
減餃子
減肉
ギョービはしばらく
妄想のみとします
ギョー
一度はやってみたい
闇餃子
自宅で包んだ餃子を
キヒヒ
中身は内緒で持ちより

焼きまくり
食べまくる会
でも焼いて食べられるものならなんでも
安全においしくいただけそうです
闇鍋もしたことはありませんが
みなさん何を投入するのでしょう
妄想だけですが餃子万能説
餃子は宇宙を内包する!!

なんて言ってないで
ゲドックスに励むべく
コップ一杯分で一日分のお野菜がとれるジュースを
毎日がぶ飲み
今週だけで今月分のお野菜を
すみません来月分を前借り…
飲み切ってしまいました

不自然な自然に頼らず正しくゲドックス
ギョービ解禁
それまでおあずけ!!

ゲドックス…解毒＋デトックス

女のひとり飯
2015.5.26
はくしょん
冷えピタ・ブレスミー号
こんにちは
ジュンコです
どうしてこんな頭なのか
いまからご説明いたします
4月中旬
なんだか喉が痛いような…
貝の小鳥…東京・目白の絵本の古本と木のおもちゃのお店
4月23日
せき・鼻水が出るようになり
TJS…トーキョー・ジェットセットの略
4月24日からTJS
高速バスをキャンセルして
新幹線でバビューン
ズビー
4月29日 貝の小鳥さんでの展示の最終日
うれしいお客さまに会えました
咳は止まったものの鼻水が続き
ぐすぐす
ズビー
ティッシュの消費量
暫定日本一

5月に入ると
おやおや頭痛が
気圧のせいかな
ろろろ
5月3日
白石経由で仙台へ
どうぞ
ズビ
白石蔵王
5/3〜5 全日本こけしコンクール
5月4日 朝
歯ぐきが痛い…
歯ぎしりかしら
昼頃
プシュー
フレグランス
フレグ
ランス
どれが好き?
どれも香りがしないよー
夕方になると
頭も顔も痛いよう
家に帰って寝なさい
ごはんの差し入れいただいて
SUB WAY
クラムチャウダー
ほかほかスープ
これ食べたらちから湧きそう
味がしない

布団にもぐって
あいぽん先生に相談
鼻水… 味覚嗅覚 歯痛…
ぶつぶつ
眠れぬ夜を過ごし
頃合を見計らって
病院へ戻り
あれこれ検査
パシャッ!
5月5日
急患センターに
連れていってもらう
フクビクウエンですねー
?
待ち時間2時間半の
宣告を受け
近くのパン屋さんでうれしい
ぱったりお昼ごパン会
=副鼻腔炎
鼻の骨のまわりの
空洞に炎症が
起きたせいで
いろんな症状が
出てくる
――とのこと
この時から
ほっ
辛いのと
しょっぱいのが
わかるように
なりました
数週間でよくなりますよー
ほっ

あれから10日
病院に通って
お薬飲んで
においも味も
だいぶわかるように
なりました
ゆうべ、ご近所の
居酒屋さんで
いただいた
鳥平
だし巻き玉子の
なんとやさしく
おいしかったこと
おとといのお昼ごはんは
近所の食堂で冷やし中華
藤や
はい
ひやし
ふたつ
変わらないおいしさを
確認できてうれしい
健康の大切さも
においと味の大切さも
おいしくたのしく
ごはんを食べられる
うれしさと幸せも
失ってやっとわかる
そんなことのくり返し
今度こそ卒業したい
甘酢っぱい失恋みたいな
こと言ってられない
いつまでも
ジュンコ
どうしてこんな
頭の形のまま
暮らしている
のかというと
冷えピタがペろーんと
はがれてきちゃうので
(まだおでこと
顔が痛いのです)
てぬぐいで顔を覆って結んで
生活しているのでした
あらよっと
たかが風邪されど風邪
みなさまもどうぞご注意ください

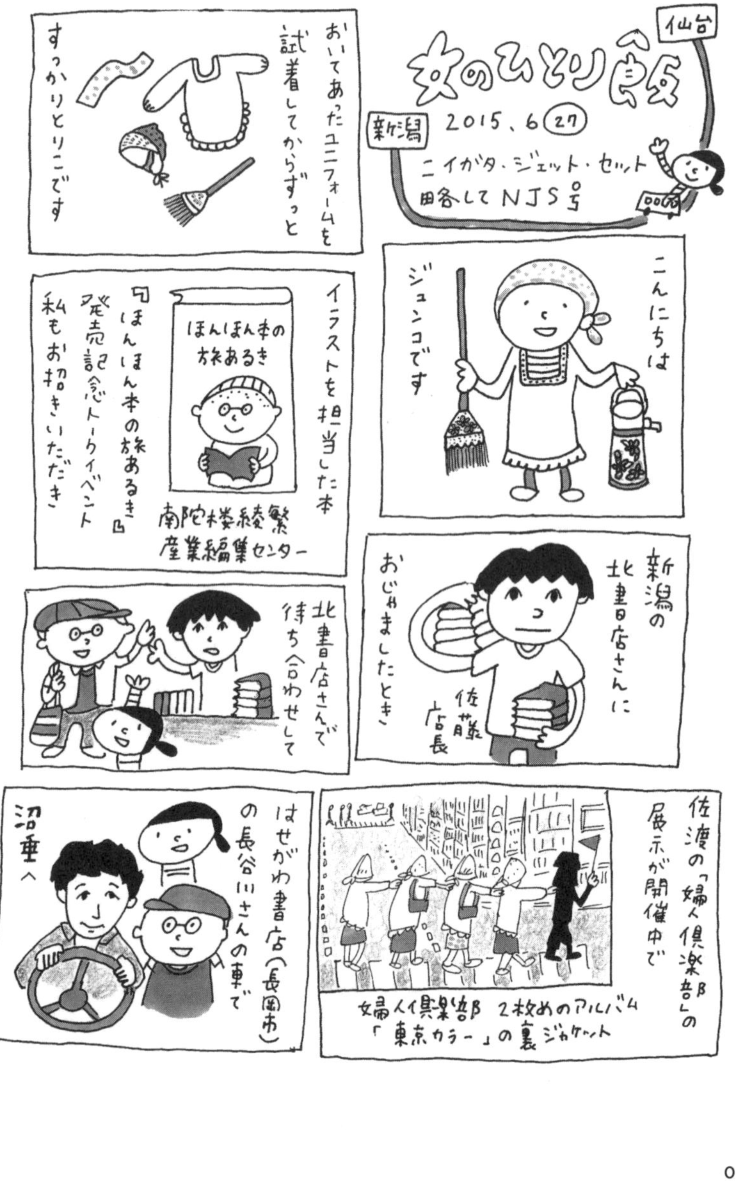
仙台
女のひとり飯
新潟
2015、6 27
ニイガタ・ジェット・セット
略してNJS号
おいてあったユニフォームを
試着してからずっと
すっかりとりこです
こんにちは
ジュンコです
イラストを担当した本
ほんほん本の旅あるき
南陀楼綾繁
産業編集センター
『ほんほん本の旅あるき』
発売記念トークイベント
私もお招きいただき
新潟の
北書店さんに
おじゃましたとき
佐藤店長
北書店さんで
待ち合わせして
佐渡の「婦人倶楽部」の
展示が開催中で
婦人倶楽部 2枚めのアルバム
「東京カラー」の裏ジャケット
はせがわ書店(長岡市)
の長谷川さんの車で
沼垂へ

市場から商店街へと生まれかわった
ぬったり
沼垂テラス商店街
Since 2015
会場のISANAさん
青果市場だった建物を3ケ月かけてリノベーション
オリジナルの家具とコーヒーのお店
すてきな布のものたくさんあります
店主のなぎささん
トークのもう一人のゲスト
沼垂のマドンナのような存在です
本の中でお気の似顔絵を描いているのですが
ご主人の雅之さんは家具職人さん
ご本人にお会いして
あまりにもすてきすぎてハートに矢がズキュン
あのイラストではなぎささんのキュートさは2割しか描けていない!!
チャーミングさに至っては1割にも満たない!!
新潟で販売してるものだけでも訂正したい
佐藤店長に要相談

ISANAさんにもありました
佐藤ジュンコのひとり飯な日々
「コーヒーと一冊」ありがたやーです
トークの前に
沼垂テラスをてくてく
ISANAさんのカウンターで
アイスコーヒーで乾杯です
ぎゅうぎゅう
トークイベントを企画された
NIIGATA BOOKLIGHT
ニイガタブックライト
亀貝さんに
テーブル席で
たのしそうに話す
二人の女性
ご紹介いただいたカフェの
星野さん
友だちの友だちでした
二人でいらしたのかと思っていたら
別々にいらして初対面のかたですよー
へぇー
ISANAという場と
なぎささんだからこその
魔法の時間です
いただいたマフィン
とってもおいしかったです
HOSHINO koffee &Labo.
次回はランチを予約で
お願いします

トークの前に腹ごしらえ
アベック食堂
餃子 ラーメン
アベック食堂
アベック
アベックじゃなくても入れました
翌日の一箱古本市につけて行ったら
どこで買ったの？
うちはいつもそのおしょうゆよ
現役でした
みんなでギョービ
トーク前に乾杯すみませんです
終了後はお向かいの居酒屋さんで乾杯です
ISANAさんに戻るとお客さまたくさんいらして
満員御礼
カウンターの中でお話しました
あんまりたのしくてうれしいから
帰る前なのに早くまた来たい…
ホテルにて
数軒先のレトロなお店で買ったばかりの前掛け
この日のユニフォーム
酒
しょうゆ
どどーーん
今回だけではお話しきれないため続きはこの秋発売予定の
『ミシマ社の雑誌ちゃぶ台』「移住と仕事」号にて
新潟では
カツ丼には卵がないです
おいしいです

女のひとり飯
2015、7 28
仙台ひとり飯巡礼号
この連載が本になりました
佐藤ジュンコのひとり飯な日々
ミシマ
こんにちは
ジュンコです
どうかみなさん
ひとり飯はいかがですか
めし
めし
読んでください
暑中お見舞い
申し上げます
先日、本にも登場するセンダイコーヒーで
みきお先生とジュンコの
Friday Night Fever!
トークイベントを開催しました
SENDAI KOFFEE Co.
have a break!
早くも暑さにぐったり気味
夏ばてはじめました
みなさまもご注意くださいませ

「みきお先生」は
あの いがらしみきお 先生です
……
細い階段を 一列になって昇ります
よく絵で見ていた ホルン!!
どうぞ
こちらへ
めし
こんなところに よいおなかが あるんだねぇ
ガイドさん 気ハカ
『ぼのぼの』40巻 発売記念として
いっしょにお話して いただきました
店主のナツさん
いがらしさん こんにちは
あっ
なんと いがらしさんと お知り合いでした
トークが始まる前
別なおなで 打ち合わせを
ホシ
ミシマ
ミシマ社 ホシノさん
まだ夕方でしたが
カレーの2種もり お願いします
はーい
こちらも本に出ている 喫茶ホルン
Coffee & Curry
喫茶
ホルン
なんとしても お二人を お連れせねばと ご案内
アイスコーヒー 注文 →
お昼 まだ だったの?
二度目の 昼食です
つまいものは 別腹

この日のカレーは
チキン・ココナッツ・マサラ
エッグ・マサラ
おいしい!!
にんじんのずんだみたい
へぇー
へぇー
これがあの!!
これがこの!!
こっちもおいしい!!
ミルクの甘さがぎゅーっと…
ほえー
わわー
今度はおなかすかせてこよう!!
おいしそう…
ぜひぜひ
もぐもぐ
だらー
いがらしさん
軽めのおやつはいかがですか
ふたりもいかが?
甘いものも別腹
わーいわーい

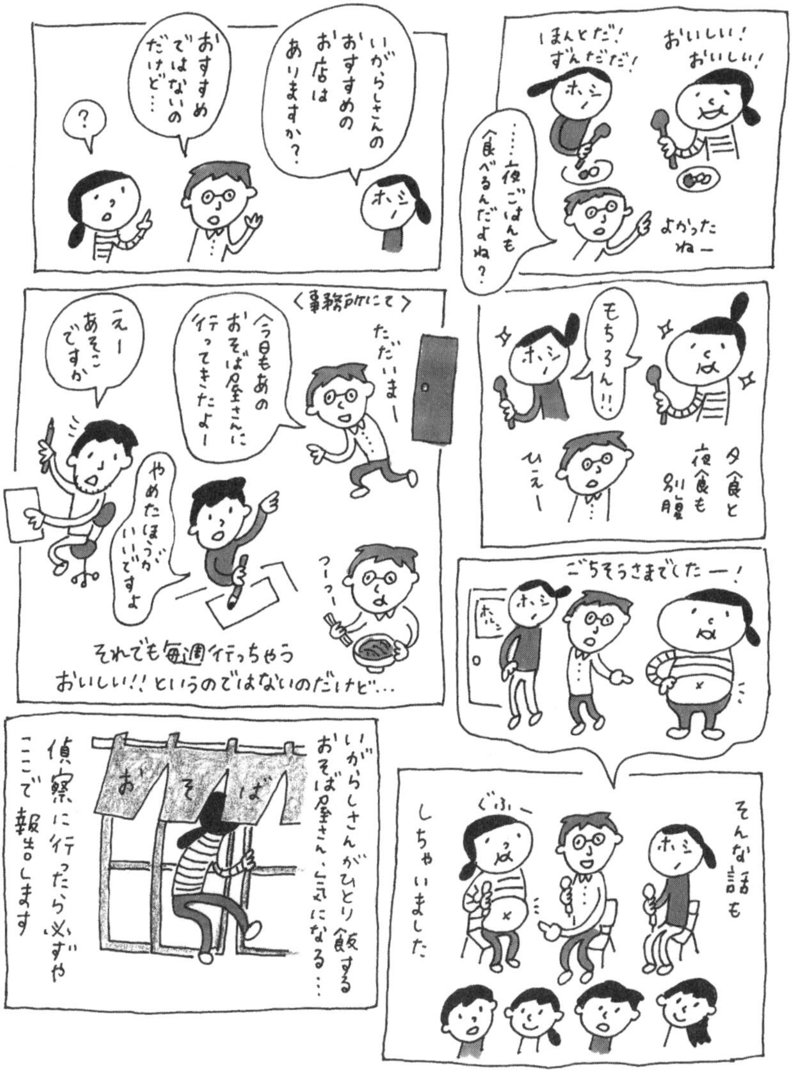

ほんとだ！ずんだだ！
おいしい！おいしい！
……夜ごはんも食べるんだよね？
よかったねー
もちろん!!
ひえー
夕食と夜食も別腹
ごちそうさまでしたー！
ぐふー
そんな話もしちゃいました
いがらしさんのおすすめのお店はありますか？
おすすめではないのだけど…
？
〈事務所にて〉
ただいまー
今日もあのおそば屋さんに行ってきたよー
えーあそこですか
やめたほうがいいですよ
つーっ
それでも毎週行っちゃう
おいしい!!というのではないのだけど…
おそば
いがらしさんがひとり飯するおそば屋さん、気になる…
偵察に行ったら必ずやここで報告します

女のひとり飯
2015.8 29
よこしまなひとりの座らない女子
こんにちは
ジュンコです
8月6・7・8日は
仙台七夕まつり
8月5日は前夜祭、
知人宅の屋上でビール片手に
花火を見上げ
たまやー
例年なら
本祭りの3日間は混雑するから
街には出られない…
ですが
今年は意を決して
街へ出ました
目的はコチラ
酒・たばこ・宝くじ
菅原酒店
菅原酒店さん
お母さんとお母さんと
お兄さんとお兄さん
いつもお世話に
なっております

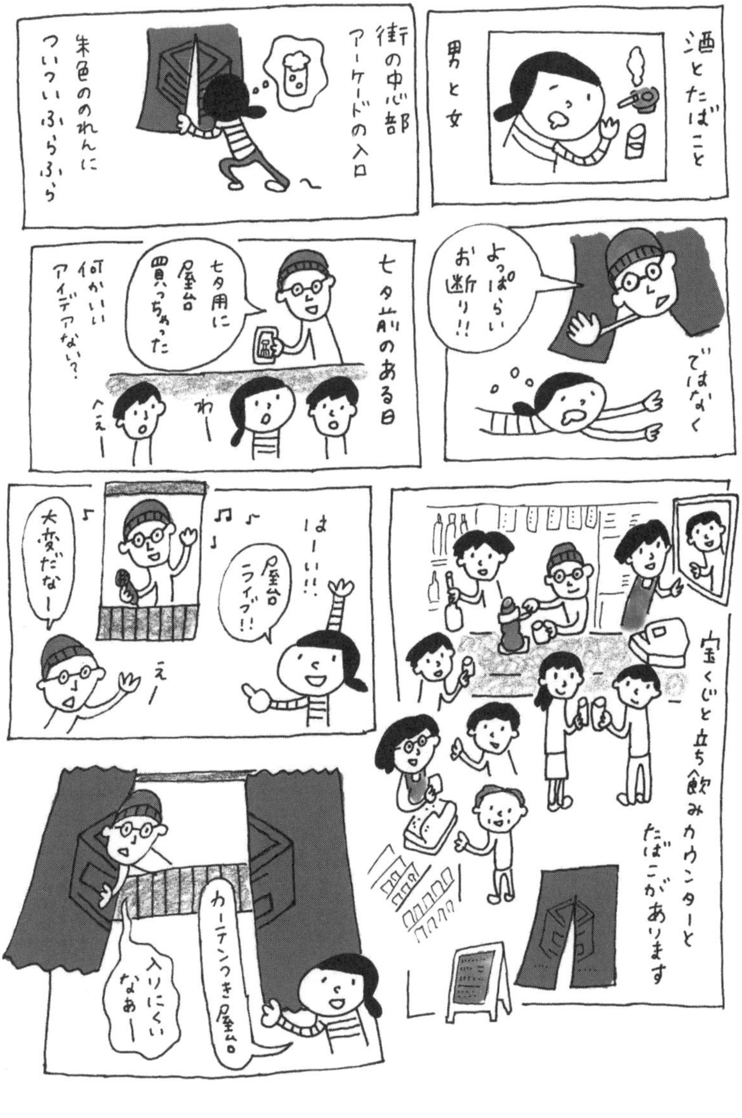
酒とたばこと
男と女
街の中心部
アーケードの入口
朱色ののれんに
ついついふらふら
よっぱらい
お断り!!
ではなく
七夕前のある日
七夕用に
屋台
買っちゃった
何かいい
アイデアない?
へぇー
わー
宝くじと立ち飲みカウンターと
たばこがあります
はーい!!
屋台
ライブ!!
大変だなー
えー
カーテンつき屋台。
入りにくい
なあーー

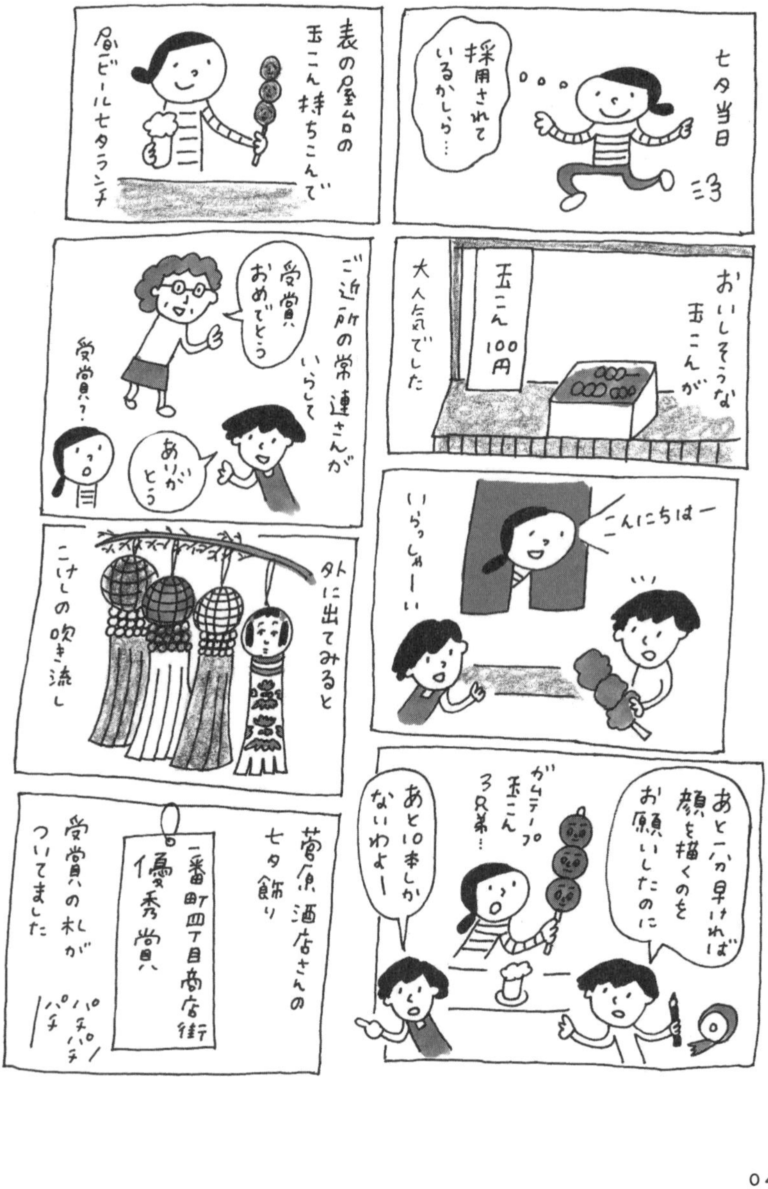
七夕当日
採用されているかしら…
おいしそうな玉こんが
玉こん 100円
大人気でした
こんにちはー
いらっしゃーい
あと一分早ければ顔を描くのをお願いしたのに
ガムテープ玉こん3兄弟…
あと10本しかないわよー
表の屋台の玉こん持ちこんで
昼ビール七夕ランチ
ご近所の常連さんがいらして
受賞おめでとう
ありがとう
受賞?
外に出てみると
こけしの吹き流し
菅原酒店さんの七夕飾り
一番町四丁目商店街
優秀賞
受賞の札がついてました
パチパチパチ

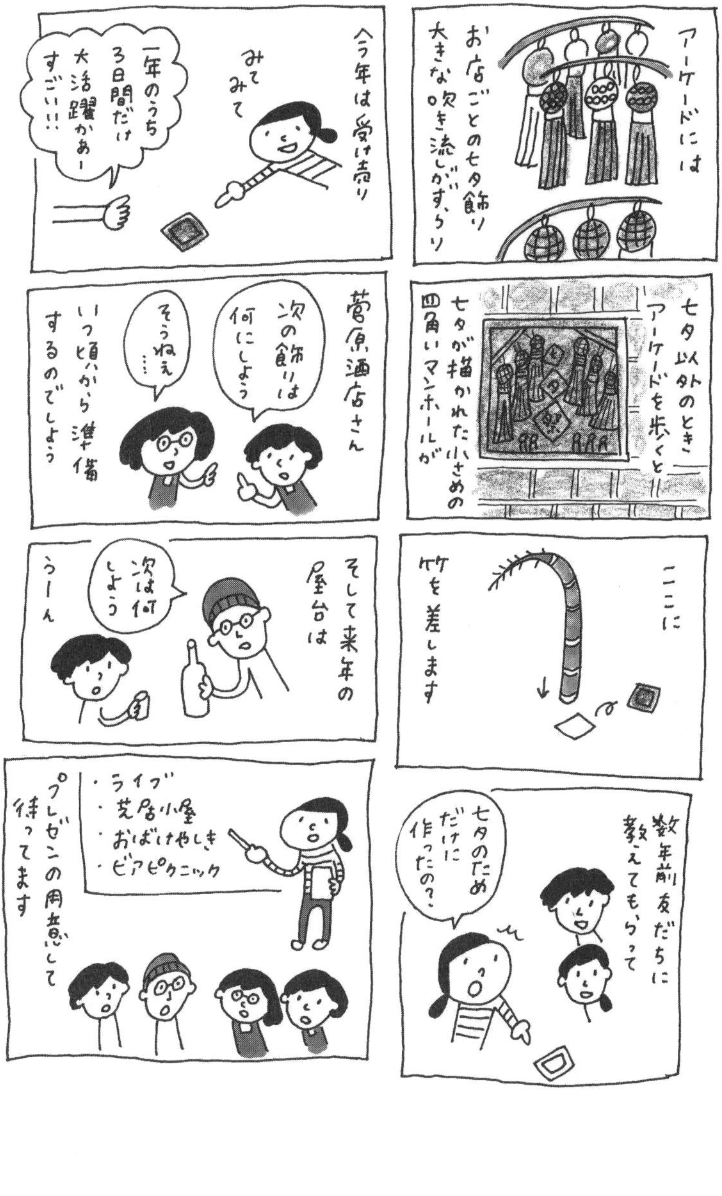

アーケードには
お店ごとの七夕飾り
大きな吹き流しがずらり
七夕以外のとき
アーケードを歩くと
七夕が描かれた小さめの
四角いマンホールが
ここに
竹を差します
数年前友だちに
教えてもらって
七夕のためだけに作ったの?
今年は受け売り
みてみて
一年のうち3日間だけ大活躍かぁー すごい!!!
菅原酒店さん
次の飾りは何にしよう
そうねえ…
いつ頃から準備
するのでしょう
そして来年の
屋台は
次は何しよう
うーん
プレゼンの用意して
待ってます
・ライブ
・芝居小屋
・おばけやしき
・ビアピクニック

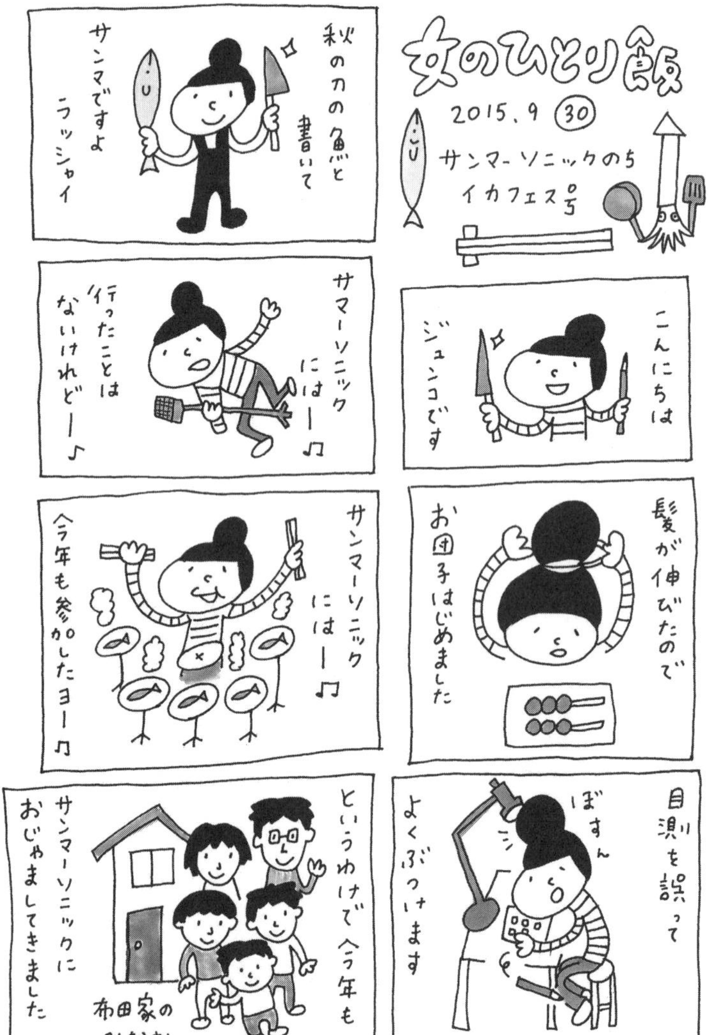
女のひとり飯
2015.9 30
サンマーソニックのちイカフェス号
こんにちは
ジュンコです
髪が伸びたので
お団子はじめました
目測を誤って
ぼすん
よくぶつけます
秋の刀の魚と書いて
サンマですよ
ラッシャイ
サマーソニックには～♫
行ったことはないけれど～♪
サンマーソニックには～♫
今年も参加したヨー♫
というわけで今年も
サンマーソニックにおじゃましてきました
布田家のみなさん

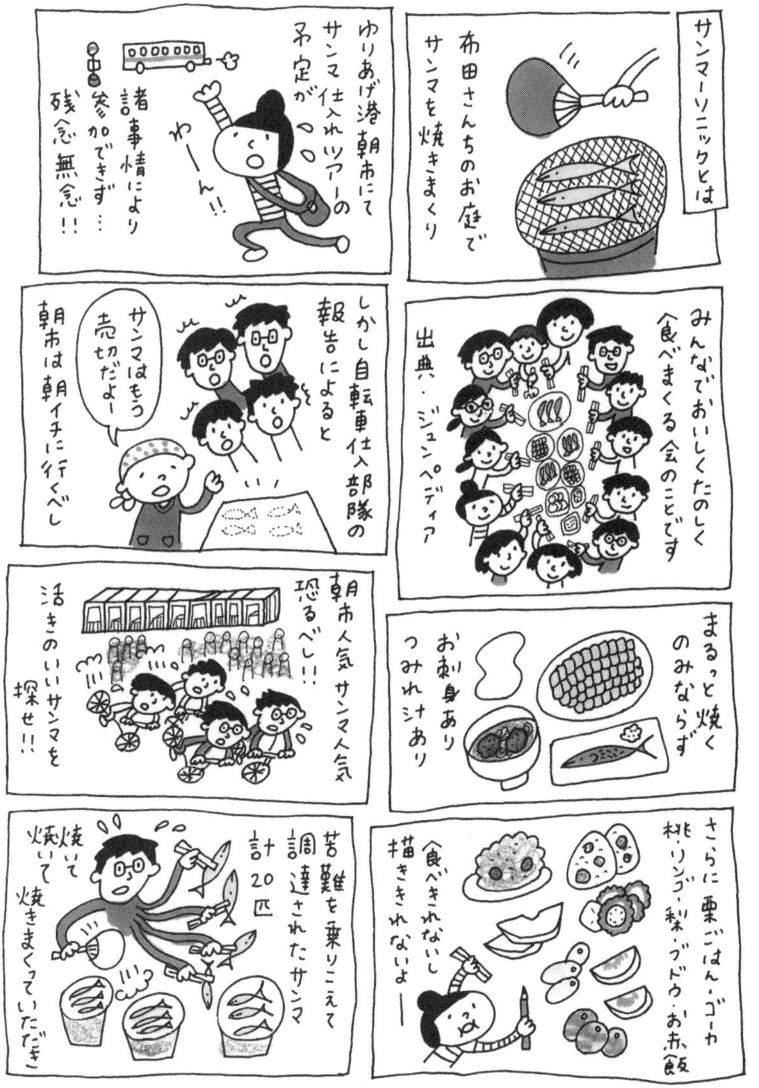

サンマーソニックとは
布田さんちのお庭で
サンマを焼きまくり
みんなでおいしくたのしく
食べまくる会のことです
出典・ジュンペディア
まるっと焼く
のみならず
お刺身あり
つみれ汁あり
さらに栗ごはん・ゴーヤ
桃・リンゴ・梨・ブドウ・お赤飯
食べきれないし
描ききれないよー
ゆりあげ港朝市にて
サンマ仕入れツアーの
予定が
わーん!!
諸事情により
参加できず…
残念無念!!
しかし自転車仕入部隊の
報告によると
サンマはもう
売切だよー
朝市は朝イチに行くべし
朝市人気 サンマ人気
恐るべし!!
活きのいいサンマを
探せ!!
苦難を乗りこえて
調達されたサンマ
計20匹
焼いて
焼いて
焼きまくっていただき

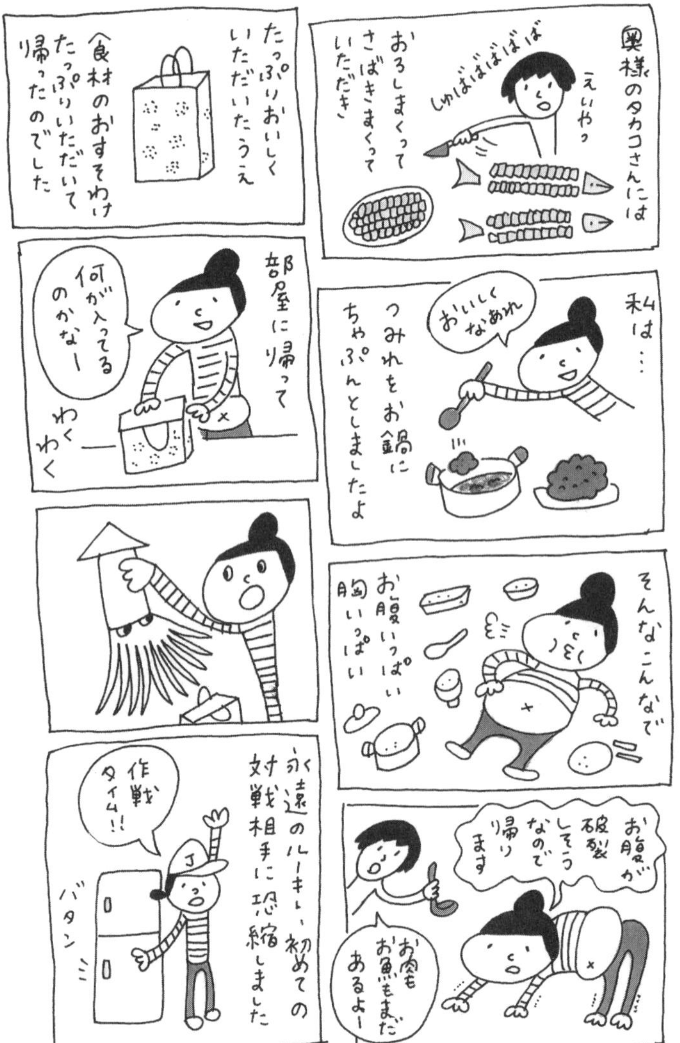

奥様のタカコさんには
えいやっ
しゅばばばばば
おろしまくって
さばきまくって
いただき
私は…
おいしくなあれ
つみれをお鍋に
ちゃぷんとしましたよ
そんなこんなで
お腹いっぱい
胸いっぱい
お腹が破裂しそうなので帰ります
お肉もお魚もまだあるよー
たっぷりおいしく
いただいたうえ
食材のおすそわけ
たっぷりいただいて
帰ったのでした
部屋に帰って
何が入ってるのかなー
わくわく
永遠のルーキー、初めての
対戦相手に恐縮しました
作戦タイム!!
バタン

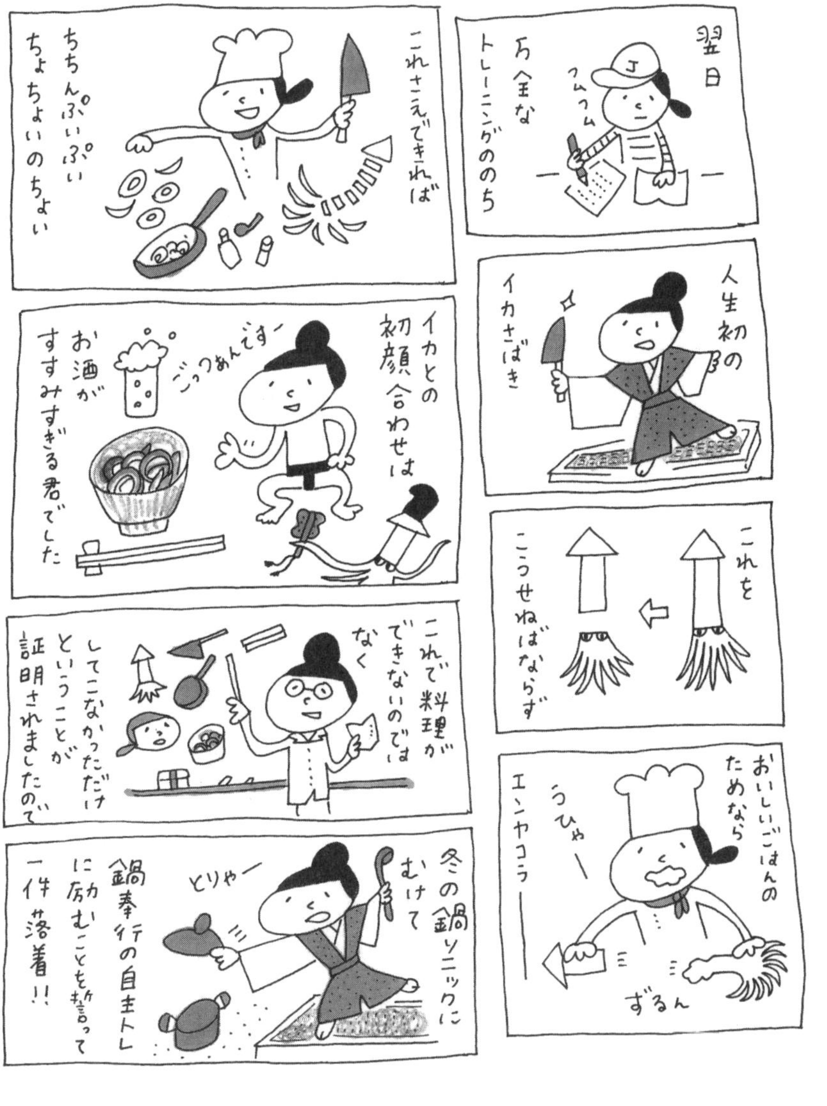
翌日
万全なトレーニングののち
フムフム
人生初のイカさばき
これを
こうせねばならず
おいしいごはんのためなら
エンヤコラー
うひゃー
ずるん
これさえできれば
ちちんぷいぷい
ちょちょいのちょい
イカとの初顔合わせは
ごっつぁんですー
お酒がすすみすぎる君でした
これで料理ができないのではなく
してこなかっただけということが
証明されましたので
冬の鍋ソニックにむけて
とりゃー
鍋奉行の自主トレに励むことを誓って
一件落着!!

女のひとり飯
2015.10.31
仙台文学館で
夢二式ごはん号
仙台文学館で
11月8日まで開催の特別展
竹久夢二・詩と絵の世界
―愛と、ロマンと、漂泊と
こんにちは
ジュンコです
関連企画に
「出演」して
きちゃいました
天高く
馬肥ゆる秋
正式タイトルは
ワークショップ
「私の夢二式美人は
この人だ!
〜読書感想文的
文庫本オリジナル
ブックカバーを
作ろう」
です
肥ゆるのは
馬だけ
じゃないみたい
「夢二式美人」だと思う
人物の
登場する
文庫を一冊
選んで

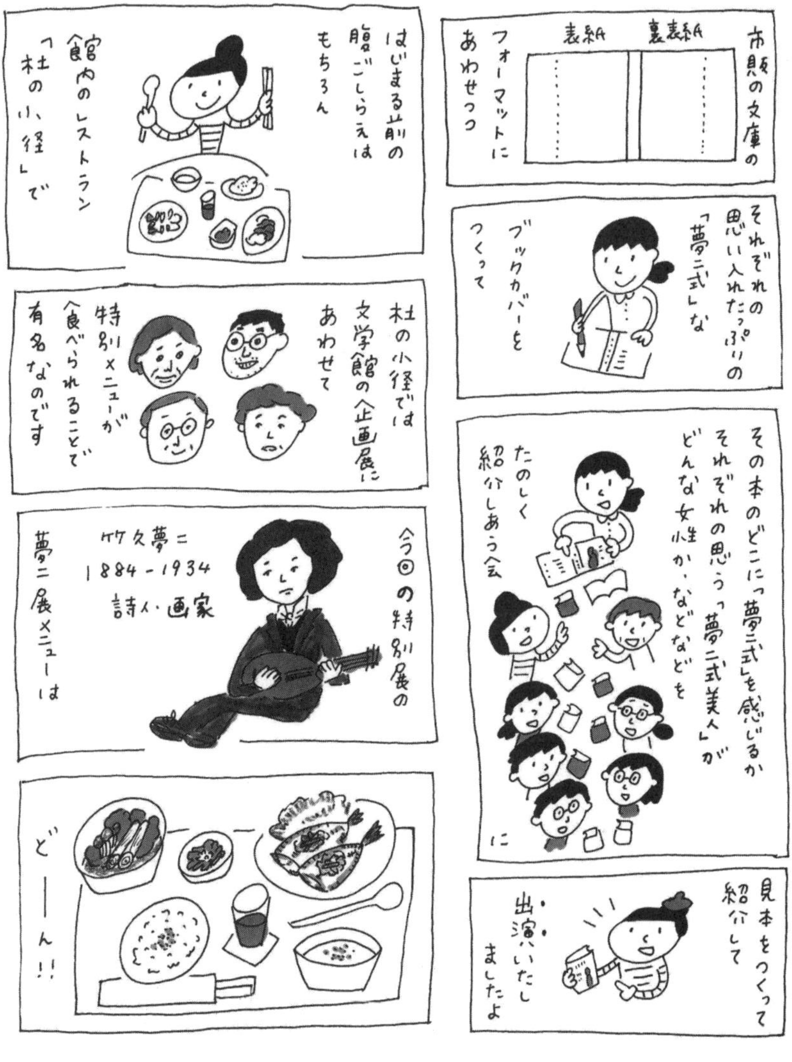
市販の文庫の
表紙
裏表紙
フォーマットにあわせつつ
それぞれの思い入れたっぷりの
「夢二式」な
ブックカバーをつくって
その本のどこに「夢二式」を感じるか
それぞれの思う「夢二式美人」が
どんな女性か、などなどを
たのしく
紹介しあう会
に
見本をつくって
紹介して
出演いたしましたよ
はじまる前の
腹ごしらえは
もちろん
館内のレストラン
「杜の小径」で
杜の小径では
文学館の企画展に
あわせて
特別メニューが
食べられることで
有名なのです
今回の特別展の
竹久夢二
1884-1934
詩人・画家
夢二展メニューは
ど――ん!!

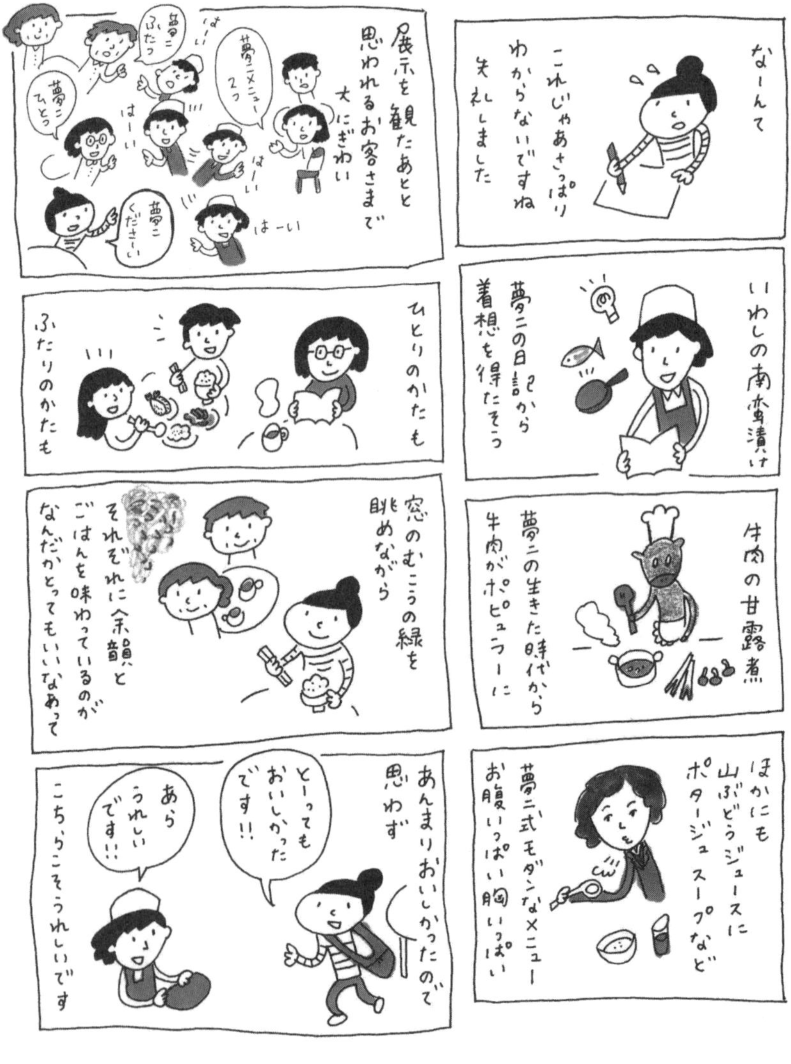
なーんて
これじゃあさっぱり
わからないですね
失礼しました
いわしの南蛮漬け
夢二の日記から
着想を得たそう
牛肉の甘露煮
夢二の生きた時代から
牛肉がポピュラーに
ほかにも
山ぶどうジュースに
ポタージュスープなど
夢二式モダンなメニュー
お腹いっぱい胸いっぱい
展示を観たあとと
思われるお客さまで
大にぎわい
夢二ふたつ
はーい
夢二メニュー2つ
夢二ひとつ
はーい
はーい
夢二ください
はーい
ひとりのかたも
ふたりのかたも
窓のむこうの緑を
眺めながら
それぞれに余韻と
ごはんを味わっているのか
なんだかとってもいいなあって
あんまりおいしかったので
思わず
とーってもおいしかったです!!
あらうれしいです!!
こちらこそうれしいです

本に出てくる
おいしそうなごはん
といえば
スタインベックの
「朝めし」です
スタインベック
1902-1968
もうひとつ
気になるのが
森鷗外の
おまんじゅうのお茶漬け
森鷗外
1862-1922
パンにベーコンの肉汁
コーヒーに砂糖
4つに割ったおまんじゅうを
ごはんにオンして
お茶をインするそう
おいしいのかしら…
こいつはたまらねえ!
こいつはうめえや
それだけの小説ではありますが
自分で試す勇気は
ないけれど
気になりつづけて
早10年(くらい)
それがなんだかとても
おいしそうで
私にもください
そんな朝ごはんに
よばれたいものです
杜の小径のみなさま
もしこれをご覧に
なられていたら
モーニングと
ランチもしくは
ティータイムのメニューに
ご検討くださいませ

女のひとり飯
2015.11 32
おいしいコロッケ食べたいナリ号
こんにちは
ジュンコです
近頃はめっきり
お団子も板についた
つもりでしたが
メガネにお団子の日
コロ助に似てるね
アニメ
「キテレツ大百科」
ここ
実家にいるころは
毎週見てました
コロ助も好きですが
似ていていいのかしら
悶々としつつ
せっせと制作に
励むはずが
ついついコロ助の
ことばかり
考えてしまい

スイッチが誤作動
ガタン
そうだ コロッケ つくろう
台所に色画用紙と
はさみ・のりなど
持ちこんで
まな板の上に
ひろげて
コロッケとキャベツの
できあがり
勢いあまって
タコウィンナーも
つくりました
お皿に盛りつけ
あらおいしそう
なんて酔狂な
午後を
過ごしていたところ
パシャ
本物が
やってきました
コロッケ 買ってきたよー
わーいわーい

財布の口を
キュッとしめるべく
近頃はなるべく
おうちでごはん
仙台朝市での
お買い物がたのしい
です
しかしここには
旨い罠が…
朝市の中程には
ころっけや
いつも行列が
できています
人気の
「ころっけや」さん
いらっしゃーい!!
斎藤惣菜店さん
外食禁止令を
発令中でしたが
NO EATING OUT
お母さんの笑顔と
いいにおいにつられてついつい
いつも
じゃがじゃが
ころっけ
くださーい
いーぱかっ

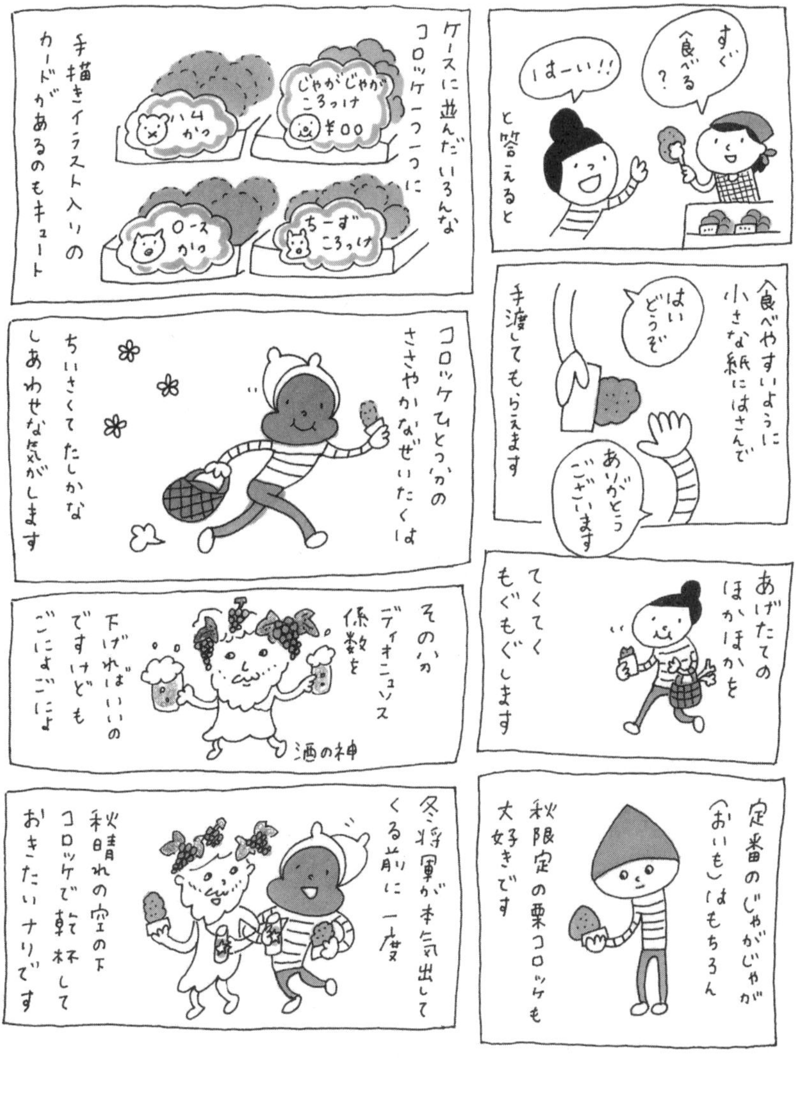
すぐ食べる？
はーい!!
と答えると
食べやすいように小さな紙にはさんで
はい どうぞ
手渡してもらえます
ありがとうございます
あげたてのほかほかを
てくてくもぐもぐします
定番のじゃがじゃが〈おいも〉はもちろん
秋限定の栗コロッケも大好きです
ケースに並んだいろんなコロッケ一つ一つに
じゃがじゃがころっけ ¥100
ハムかつ
ちーずころっけ
ロースかつ
手描きイラスト入りのカードがあるのもキュート
コロッケひとつ分のささやかなぜいたくは
ちいさくてたしかなしあわせな気がします
その分のディオニュソス係数を
下げればいいのですけども
ごによごによ
酒の神
冬将軍が本気出してくる前に一度
秋晴れの空の下コロッケで乾杯しておきたいナリです

朝市の近くで仕事をしていた頃
お昼休みになると、毎回決まった
果物屋さんへ行って、リンゴを買い

リンゴになりそうな
くらい毎日お腹いっぱい
リンゴばかり食べていた
ことがありました。

先日、久しぶりに
そのお店へ行ったら

覚えていて声を
かけてもらえて
うれしかったです。
この日はフキノトウを
買って帰りました。

あら〜 久しぶり! 元気?
フキ味噌なら 1パック200円 ので充分よ

Ⅱ

キョート・ジェット・セット
略してKJS号

2015、12、10〜12、19

女のひとり飯
2015.12 (33)
キョート・ジェット・セット
略してKJS号
こんにちは
ジュンコどすえ
京都・西陣の(*)マヤルカ古書店さんで
12月12日〜16日
展示しました
MOЯ Pyka
*現在は左京区一乗寺へ移転
展示のタイトルは
佐藤ジュンコのひとり旅な日々
珍道中の予感ですね
12月10日(木)
5時半
起床
朝日がまぶしい
ちりになりそう
20年ぶりの飛行機
わー
仙台空港は初めて
高校生のときに一度飛行機に乗ったのですが
どこからどう乗ったか記憶がほとんどなく

搭乗手続
SF!!
ピッ
荷物検査
金属はトレーに
銭湯…
離陸
ななめー!!
バビューン
仙台のまちが
どんどん小さくなります
生まれて初めて
雲のなかと
雲のうえにいました
映画みたいな窓
でした
飛行機は一度海に出て
また陸に戻り着陸
ここはどこ??
関西空港から京都へは
バスで2時間
着くころには腹ぺこです
京都駅

13時 京都着
お昼ごはんはピネライスです。
ミシマ社トリイさんから謎のメール…ピネ?
ぐぅー
???
バス停まで
トリイさんがむかえに来てくれて
鴨川を渡って
トンビ!
ピーヒョロー
買い食いは注意!!
さらわれちゃう
ミシマ社京都オフィスは
家でした
どうぞー
ガラガラ
わー
忍者屋敷のような階段をのぼり
こっちでござるよ
おじゃまするでござる
ミシマ社のみなさんにごあいさつ
こんにちは
おじゃまします
仙台のお土産を
お渡ししたところ
くじらもなか
おすすめは仙台みそ青のりずんだ
松澤もなか本舗
コーヒーと一冊のマークと一緒だー
ミシマッコウクジラ!!
かわいい!
好評でうれしいです
ミッキーさん
タブチさん

お昼にしましょうか
はーい
いよいよ ピネライス 登場
バス停の向かいの洋食屋さんで
キッチン ゴン
トリイさんがテイクアウトしてくれていたのでした
ピネって何ですか
由来は?
実は僕も知らないです
次に食べる時にお店で直接質問します
気になる中身は
カレー + カツ + チャーハン
なかなかのパワーフード
一食で三食分の達成感
初戦第二ラウンド ノックアウト
はちきれんばかりのお腹を抱えて
シマ
ごろごろ
いってきまーす
お散歩に
頭上をトンビがかすめていきます
ピー ヒョロロー
こんなに近くで初めて見ました
お腹がふさふさ
食べ物ごとさらわれたりしませんように
続きは来年 よいお年を!!
助けてー!!

女のひとり飯
2016.1 ㉞
続キョート・ジェット・セット
略してKJS号 その2
あけましておめでとうございます
ジュンコです
今年もよろしくお願いします
よい一年にしましょうね
12月の関西ツアーの続きのはなし
どうぞおつきあいくださいませ
ごっつあんです!!
ピネライス
12月10日(木)つづき
ミシマ社のみなさんの参加する夜ごはん会に
私もちゃっかりおじゃまして
こっちですよ!
わーい
わーい
おでん屋さんと聞いて
こういうのを想像してたら
もう閉店だよ
ーーんなでした
千と千尋…
ビール飲んで
おでん食べて
熱燗飲んで
はも食べて

12月11日(金) 2日目
トリイさんに連れられて
バスに揺られて
西陣のまちへ
ひゃー
次ですよ!
キキー
マヤルカ古書店さんで
翌日から始まる
展示の準備
佐藤ジュンコのひとり旅な日々
моя рука
バスを降りててくてく
渡りますよー
ピコーン
その時
アンテナが
ムムッ
おいしそう…
京だし巻
玉子焼き屋さんから
いいにおいがします
ちゃっかり二軒目も
おじゃまして
がらがらっ
ここのポテトサラダをぜひ!
新潟の三角だるま
みたいな円錐型が
やってきました
お腹いっぱい胸いっぱい
お宿に帰ってBTQ
(バタンキューの略)
そうそうお宿の
お部屋には
かわいいはんてんが
ありましたよ

うしろ髪ひかれつつ
моя рука
道を急ぎます
マヤルカさんに到着
こんにちは
よろしくお願いします
中村さん
1階には古本、雑貨、郷土玩具などなど
すてきなものやかわいらしいものがいっぱいです
またしてもうしろ髪をひかれつつ
がんばって～
2階の展示スペースへ
よい眺めのよい部屋に
いままで描いたマンガを貼って貼って貼りまくり
おやつにしましょうか
ぐう
中村さんおすすめのおばあちゃんがやっているご近所のパン屋さんに
トリイさんがお買い物してくれて、ちょっと休憩
無事に壁を埋めつくし
お昼ごはんのオススメは？
雨林舎さんおいしいよ
いってきまーす

雨林舎さんのアボカドトースト
どーん
アボカドてんこもり
いままでの人生で一回の食事で摂るアボカド量の第一位です
お店のかたが私のマンガをご存知で
イラスト見たことあります
チラシ
ぽっ
おいしかったです!
ありがたくうれしいです
おいしいパンのつまったお腹を抱えてバビューンと神戸へ
どすどす
…のはずが
電車止まってる!!
予定を変更 阪急電車で ガタンゴトン
シックな装いがすてきです
王子公園駅で途中下車
古本屋 ワールドエンズ・ガーデンさんへ
コッコッ
店主のオザワさんと店長のブンちゃんにごあいさつ
(猫)
次におじゃまするときには店内のベッドとソファーでくつろぎ居座りさせてください

12月12日(土) 3日目
いよいよ展示初日
今日は一人でマヤルカさんへ
ムムこのにおいは
お店はこっちなのに
こちらに足が
にこっ
夜7時
神戸の古本屋さん
1003(センサン)さんへ
奥村さんご夫妻
トークイベントではなく
ただただ乾杯する会
かんぱーい!!
ダイヤの乱れにより
遅れてくるお客さまを
その都度お迎えして
第7回かんぱーい!
乾杯の多い古本屋、です
六甲ビールを
片手にみんなで
おしゃべり
にぎやかで
おだやかな
よい夜です

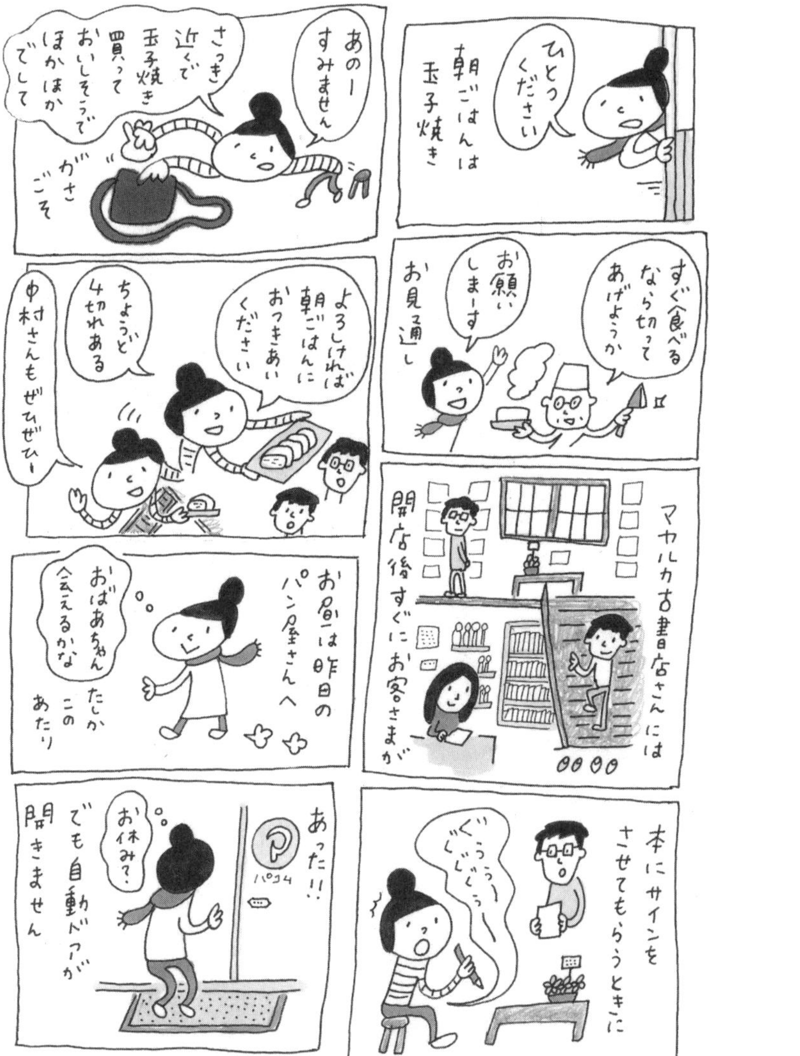

ひとつ ください
朝ごはんは 玉子焼き
あのー すみません
さっき 近くで 玉子焼き 買って おいしそうで ほかほか でして
がさ ごそ
すぐ食べるなら 切って あげようか
お願い しまーす
お見通し
よろしければ 朝ごはんに おつきあい ください
ちょうど 4切れある
中村さんも ぜひぜひー
マヤルカ古書店さんには
開店後すぐにお客さまが
お昼は昨日の パン屋さんへ
おばあちゃん 会えるかな
たしか この あたり
本にサインを させてもらうときに
ぐぅぅ〜 ぐぐぐぅ〜
あった!!
お休み?
でも自動ドアが 開きません

重さは十分すぎるはずなのに
角度の問題??
ぴょん
ぴょん
ぴょん
どうかしましたか
はっ
あの…パンを
ガチャン
ぴょん
鍵の問題
おばあちゃんお出かけ中なのかな
ぱく
買い食い失礼します
夕方はミシマ社の本屋さんへ
こんにちはー
親戚の家みたい
お店番するはずが
うっかりすっかりこたつでくつろぎ
里帰り気分
夜は矢萩多聞さんの会「たもんのインドだもん」
できたよー
わーいいただきまーす
多聞さんの手料理南インド料理がぎゅうぎゅうのお弁当
おいしいです
ついでに缶ビールプシュ!!
入口そばでひと足お先にいただいたので
おいしいですよ
おいしそう
いいにおい
ビールあるの
早く食べたい

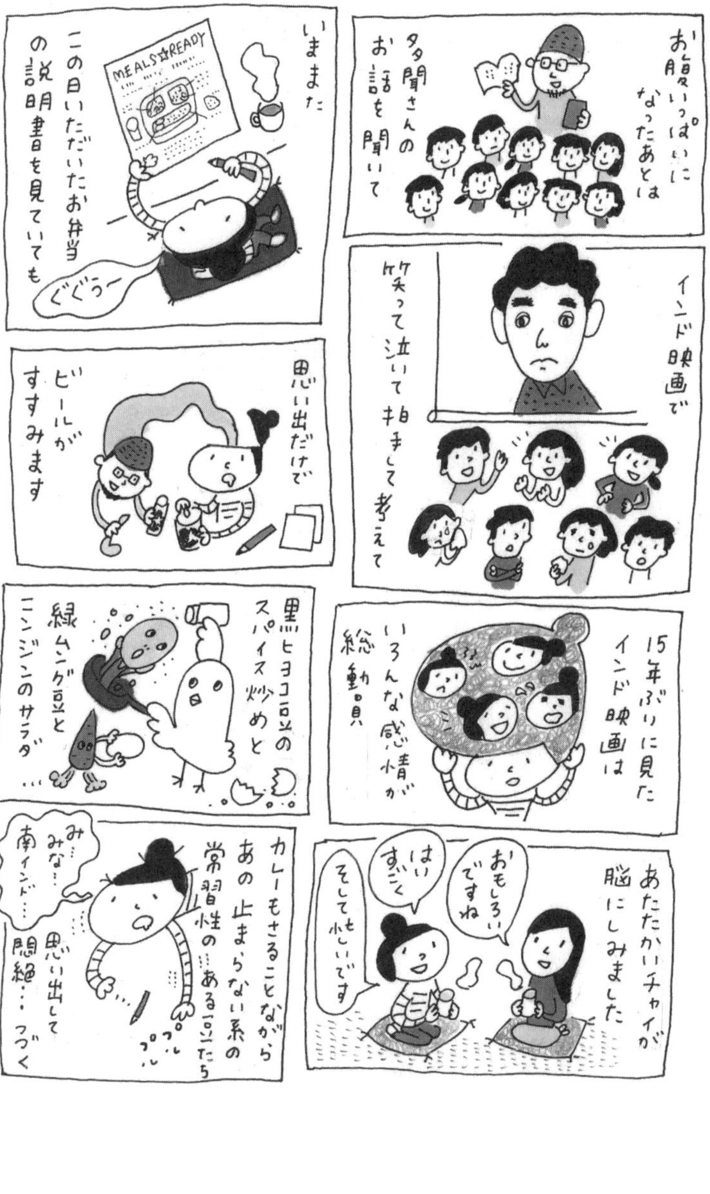
お腹いっぱいになったあとは
夕聞さんのお話を聞いて
インド映画で
笑って泣いて拍手して考えて
15年ぶりに見たインド映画は
いろんな感情が総動員
あたたかいチャイが脳にしみました
おもしろいですね
はい すごく
そして忙しいです
いままた
この日いただいたお弁当の説明書を見ていても
MEALS☆READY
ぐぐぅー
思い出だけで
ビールがすすみます
黒ヒヨコ豆のスパイス炒めと
緑ムング豆とニンジンのサラダ…
カレーもさることながら
あの止まらない系の常習性の…ある豆たち
み…みな…南インド…
プルプル
思い出して悶絶… つづく

女のひとり飯
2016.1 ㉟
続キョート・ジェット・セット
略してKJS号 その3
こんにちは
ジュンコです
京都のはなしは
まだまだ続きます
お土産にいただいた
オハヨービスケット
12月13日(日)4日目
今日もいい天気
マフラーいらず
鴨川てくてく
ピーヒョロロー
ムムム…石が
向こう岸まで
渡れるかな
でも私の
身体能力では
ざぶん
どんぶらこ
マカルカ古書店
さんに着くまでに
乾かないかもしれない
泳いできたの？
でも大丈夫
今日もいい天気
近くには銭湯もあるし

長くて茶色い
きっとおいしいものを
トンビがさらって
いくのを見上げながら
ピーヒョロロー
見あきません
ORIGINAL HEIDELBERG
無事上陸
よかった濡れてない
さらわれてもいない
ほっ
活字だらけ
活版印刷屋さん
十分屋
お急ぎは 十分
古いかっこいいマシンが
ばりばり働いてます
ここで待ってる？
ええと…
ぐぐ
こんにちはー
名刺をつくってください
どうぞおかけください
えへへ
朝ごはん食べてきます
いってらっしゃい

ところがお目当ての
喫茶店は
店の中が見えず
入口の外にも人が
あふれる混みっぷり
ありゃりゃー
お昼ごはんは
マヤルカ古書店
の近くの
中華屋さんへ
印刷屋さんに引き返し
朝ごはん抜きですー
もう少し待ってね
皿うどんおいしいよ
皿うどんください
ひそひそ
と ビール
はーい
実はアンダーバーが一つ足りなくて
何か代わりになるものを…
テレビで松島のマラソン見ながら
皿うどんと昼ビール
ほんとに京都かしら
結局「ハイフン」の下の余白を削って
「アンダーバー」にしてもらいました
マヤルカさんご用達の店発見!!
ふー
苦しい
憩

ほんとに喫茶店なのかしら…
そしてほんとにあるのかしら…
パフェがおすすめ
パフェをくださ
これとこれとこれとこれとこれはないよ
次のレースは…
どちらかがマスターかしら
30分後
第○レースは…
バサッ
ピッ
あつっ!!!
バサッ
熱?
パフェは熱くないはず
コーンフレーク自家製で焼いてるのかしら
それとも器が
どうぞ
はずれ
アハハ アハハ
ピッ
先客お二人食後にのんびりしてるのかと思いきや
バサッ
プルプル
まだこれからか…

あつっいな
ほどには
熱くないの
かしら
アハハ
ハフハフ
バサッ
ピッ
ズズッ
10分後
次のレース
プッ
グフフ
バサッ
ピッ
どうぞ
大きい!!
おいしそう
さっきの
グフフは一体…
わーい
大急ぎでペロリのち マヤルカさんへ
お腹が割れそうですー
ゴロゴロ
転がり込みセーフ
この日は
PHPスペシャル
編集長
丹所千佳さんとの
トークイベント
街歩きの話を聞くはずが
チャーミング
チャーハン
チャーミングなチャーハン?
チャーミングチャーハンという名の
中華屋さん
はい
チャーミング
チャーハンです
イメージ
はい天津飯
何を注文してもチャーハンが
付いてくるそう

じゃあチャーハンを注文したら？
チャーハンが2つ出てきます
チャーミングなチャーハンが2つ
チャーミングチャーハン
チャーミングチャーハンが気に入ってしまって
あは
チカチャチャ（チャーミング
ははは
チカチャチャ
はは
夜ごはんはみんなで近くの中華屋さん
南蛮漬け
初めてのホンモロコ
お皿に残った最後の一つ
遠慮のかたまり
って言うのですって仙台でも使ってみよう
バスも電車もなくなって
そこの栗もおいしいよ
へえー
夜道をてくてく
せっかくだからと
チャーミングチャーハン
あれがCCです
閉店してますね
様子だけ見て帰りました
つづく

女のひとり飯
2016.1 36
続キョート・ジェット・セット
略してKJS号 その4
こんにちは
ジュンコです
ストーブでお湯をわかして
京都でいただいたお茶や
コーヒーを入れて
フリーズドライ気味の
脳細胞も
おいしくなってくれれば
いいのに
12月14日(月)5日目
これなーんだ?
正解は
タマゴサンド
運動会や遠足で
母が作ってくれた
マヨマヨしい
のもよいけど
近年はこの関西の
ぽってりが好きです
はさまりたいくらい

京都はおいしい朝ごはんがいっぱいでうらやましいです
FULL
喫茶店のモーニング仙台にも増えますように
とはいえ普段は朝ごはんぬき
こんなかんじ
さて、この日は鉄道の旅です
岐阜に行きます
ずっと行きたかった岐阜市美殿町の古本屋さん
徒然舎さん
仙台から見ると
近い！行ってみよう！
仙台
岐阜
京都
京都のかたに聞くと
えー日帰り？
寝すごすと横浜だよ
気をつけて!!
眠らないように降り遅れないように
アナウンスに耳を澄ませ
関ケ原関ケ原
天下分け目
武者いるかな

無事到着
こんにちはー
ドキドキ
ここ数年の夢がかなう瞬間です
徒然舎オールスターズに
いらっしゃい!!
迎えていただき
お隣のおそば屋さんへ
いいにおい!!!
みそ煮込うどん海老天のせ
ポカポカあったまるよー
ハフハフ
アチチ
絶品!!
徒然舎さんのご近所にはおいしいお店がたくさんで
流れてくるにおいで時間がわかるそう
柳ケ瀬のまちをてくてくお散歩
柳ケ瀬ブルース
岐阜マンというキャラクターにキュンキュン♡
山支
徒然舎さんで販売中の本と道草クッキーがとてもかわいい(そしておいしかった!!)
徒然舎さんのマークは牛なのです。

12月15日(火)6日目
丹所さんに教えていただいたお店をめざして
今日も鴨川てくてく
やっと京都の日常の朝に
COFFEE MAKI
加われるような
よい気分
おじさまたちは新聞を読み
おばさまたちはおしゃべりをして
そして私は
パンの中に詰めこまれた
サラダを箸でいただき
MAKI
気になるお店がいっぱいで
やきと
後ろ髪ひかれまくり
次は泊まりがけで来ることにしよう
お土産にいただいた
かまぼこおにぎり
ティダティダさん
帰りの電車で
あ〜ん
おいしくいただきました
その名の通り
おにぎりの入ったかまぼこでしたよ
魚のすりみ
炊きこみごはん

ニシマさんのおうちに
おじゃましまーす
古くて新しい気持ちのよいおうち
私は普段呼吸が浅くて鼻の穴でしか息をしていない気がします
ニシマさんのおうちではしずかに深くからだ全部で息をしていました
長ーい机と本棚
子どもたちと一緒に使えるようにですって なるほど
5年後にはきっとにぎやかですね
すてきだなあ いいなあ いいなあ
近くの食堂でお昼ごはん
コロッケ定食
エビフライ定食
あじフライ定食
とんかつ定食
親子丼
きぬがさ
このは
しっぽく
?
木の葉
タマゴ
カマボコ
衣笠
タマゴ
油揚げ
しっぽく
カマボコ
ほか いろいろ
京都で初めて知りました

卵とじシリーズ おいしそう!!!と わくわくしすぎて うっかり
親子丼
ちがうよ木の葉 だよでもおいしか ったです
夜は誠光社で 堀部さんとトーク
開店おめでとう ございます
まず乾杯
開店までのこと 開店してからのこと これからのこと たくさんおうかがいして
できないとかむりとか言って しまいそうに なったら
ピカーン
シャキーン
堀部さんの眼差しを思おう (ただしやりたいことの場合のみ)
終了後は お隣のカフェで乾杯
これから 展示の 搬入なので
おつかれさまでした
はやめ解散
のはずが 近くでもう一杯を 目論むも
開店だ
電気消えた!
間に合わなかった!
どうしよう…
ガラガラガラ
二次会難民
やっと入った居酒屋さんで
王将は京都発
衝撃の新事実…つづく

女のひとり飯
2016.1 ㊲
続・キョート・ジェット・セット
略してKJS5 その5
こんにちは
ジュンコです
六畳の厚いカーテンを開けると
雪国であった
暴れん坊の冬将軍
どんと祭あとに
やってきた
12月16日(水)7日目
丹所さんオススメ
モーニング②
9種のジャムを
のせたトースト
入口半分シャッター
お休みですか
ごめんね
ベランダ園芸
臨時休業
残念
錦市場うろうろ
お刺身
おいしそう
ぐぅ
ここで
食べてく?
イスも
出すから
待っててね
お茶と
おしょうゆ
ポンズも
わーい

きれいにお皿に
並べていただき
あれれポンズ？
しょうゆ？どっち？
外国からの
お客さまに
写真を
とられまくりました
パシャ
パシャ
パシャ
パシャ
きっとどっちでも
おいしいはず
いただき
まー
ちょっと
待って!!!
ふーおいしかった
さてお出かけ
しようっと
ちょっと
あなた
ストップ
それは
ポンズ
ヨコワには
しょうゆ
わさびもね
ハモは
どちらでも
お好みで
しゅばばばば
あなたさっきも
通ったでしょう
そしてイワナを
見てたでしょう
食べた方がいいわ
あなたイワナを
食べた方がいいわ
すぐそこで
あっためてくるから
チーン
ヨコワとは
クロマグロの
若魚だそうです
おいしいですー
ほっ
そこで
泳いでる
ぱく
おいしかったです

バスに乗って
終点からてくてく
ホホホ座へ
昨日誠光社でお会いしたうめのさんの働く本屋さん
サンデー毎日の書評メイトです
かんぱ〜い
お仕事中にもかかわらず
青 おにぎり
おいしいよ
オススメのお店まで案内していただき
アドバイス通りの注文
どきどき
赤おに青おにください
子どもの描いた青鬼の絵が店中にいっぱいです
どちらもピリ辛
赤鬼の身
青鬼の爪
おいしくいただいて
満腹満足のんびりしてたら
うめのさんのお友だち？
はい仙台から来まして…
夕方には梅田へ
もう結構な午後ですよ
バスで四条まで行って
四条から電車で

ホホホ座に戻って
おいしかったです!!
いってきます
うめのさんと山下さんに
ごあいさつして
みなせー
みなせー
経由
梅田
降りちゃった
バスに乗って
四条で降りて
電車はどこかしら
がや
がや
がや
がや
改札出てすぐの本屋さん
こんにちは
仙台の佐藤
ジュンコです
するとフライドチキン風の
おじさんが
現れて
こっちだよ
突然おじゃましたにもかかわらず
サインを
短いけれど
たのしい時間
おかげで快速ライドオン
しかしいいこと
思い出して
この電車に
乗れば
長谷川書店
に行けます
ミシマ社
トリイさん
メモに混じって
似顔絵描いて
おはなし
いろいろして
うれしさあまって本に
サインするの忘れました

どうにか時間通り
梅田に着いたものの
目的地
ココ
なんらかのランド的
コンフュージョン
見えるのに届かず
梅田蔦屋書店へ
遅れてすみません
最相葉月さんの新刊
『辛口サイショーの人生案内』
発売記念トークイベント
ミシマさん
最相さん
イラストを担当しました
途中お客さまから
さしいれ
551
ぐぅー
肉まんをいただいて
イベント中ずっと
ぐぅぐぅ
お客さまにも
聞こえたかしら…
いざ夜ごはん
お初天神通り
どーん
大阪の街、はじめてです
曽根崎心中
?
ザ・大阪なごはんをと
お願いして
ネギがおいしいよ
メニュー
お好み焼きのお店へ
最相さんおすすめの
ネギ焼き
通常版
ほぼ100%
ネギに見えます

ネギの集合体はひとつになれるのか
わー
ひっくり返せるのか
プロがそつなく
おお
団結させてひっくり返してくれて
わわわー
トントン
ところでこのコテ
うはーおいしいです
でしょー
角がフォークのようになっていて
お箸もお皿も使わずに
これ一本で
何でもできちゃうそうです
この前日
旅館の近くの荒物屋さんで
石津商店
ごますりマシンを
ヘラナイ
ワレナイ
シメラナイ
スリッキー
Slicky
買いました
鍋にはごまだれ
ほうれんそうにはごまあえ
大活躍です
出番を待っているときの様子が
太陽の塔に似ていて
京都で買った大阪土産のよう
(製造元は名古屋です)
つづく

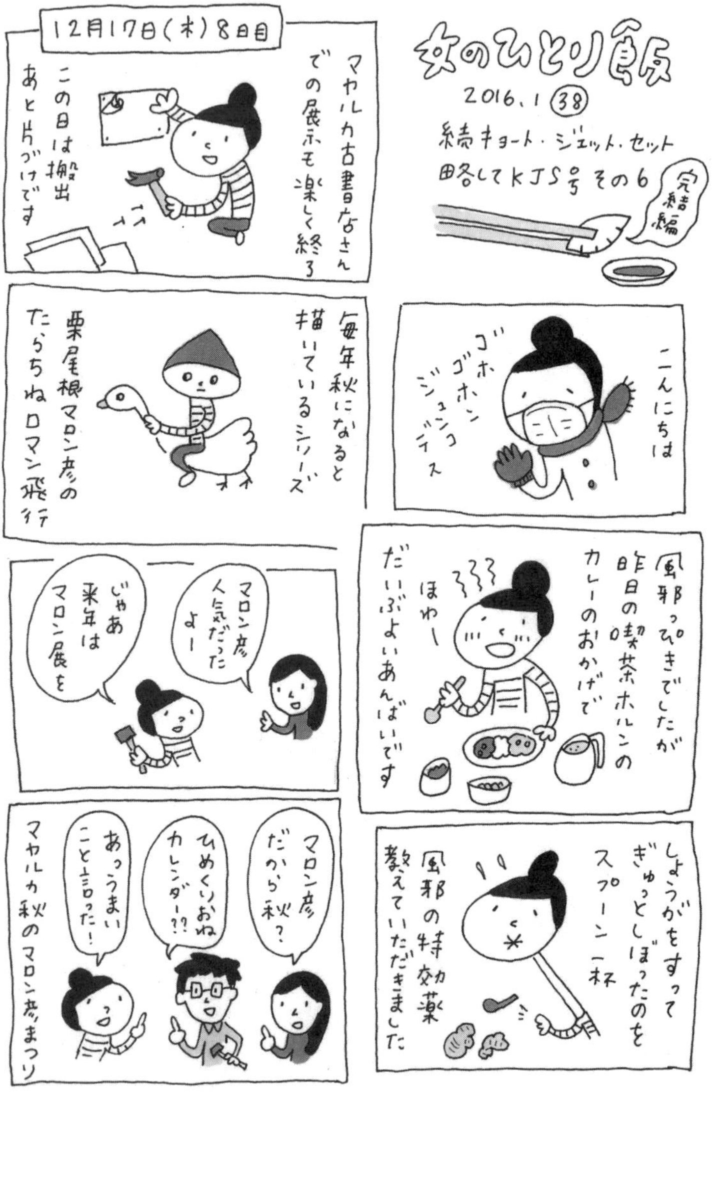
女のひとり飯
2016.1 38
続キョート・ジェット・セット 略してKJS号 その6
完結編
こんにちは
ゴホゴホン ジュンコデス
風邪っぴきでしたが 昨日の喫茶ホルンのカレーのおかげで
ほわ〜
だいぶよいあんばいです
しょうがをすって ぎゅっとしぼったのを スプーン一杯
風邪の特効薬 教えていただきました
12月17日(木)8日目
マヤルカ古書店さんでの展示も楽しく終了
この日は搬出 あと片づけです
毎年秋になると描いているシリーズ
栗尾根マロン彦のたらちねロマン飛行
マロン彦人気だったよー
じゃあ来年はマロン展を
マロン彦だから秋?
ひめくりおねカレンダー??
あっうまいこと言った!
マヤルカ秋のマロン彦まつり

お昼はあの王将へ
近くにいい王将あるから
もしや本店?
ではないけど原型に近い
京都は王将発祥の地
私の知っている王将は
ファーストフードの蛍光灯のビカビカギラギラした建物です
本場のクラシカル王将は
いらっしゃい
奥に行こーっ
全く違っていました
奥は実家っぽい細長い小上がり
座布団どうぞ
ビニールっ…
壁に直接書いてあるオリジナルメニューが
大充実しかもお得
セット
これにしよう
かたやきそばね
いえ皿うどん
はいかたやき
皿うどんください
じゃあそれで
同じみたいです
かたやきそば
わっ
貴婦人の帽子みたいな盛り
ドンッ
天津セット
どどどどん
わー
ほんとに一人分からオードブル級です

ラーメン
とギョーザ
テーブルが大変混みあっております
あわわわ
どどん
12時になると同時にカウンターは満員
しかも
10人ね
奥に行って
無理だよお父さん
協議の結果半分相席いらして
入らなかったかたちはどこへ?
クラシカル王将 近所にほしいです
ごちそうさまでした
また阪急電車でお出かけします
すっかりお気に入り
再び神戸へ
センター街てくてく
調理器具の問屋さんをみつけて
何かお探し?
先割れコテ(仮名)を
梅田のお好み焼き屋さんで見て…
コレです
初めて見たわー ちょっとお父さん!!

お店のオリジナルやろうか
カタログにもないなあ
わわわ すみません ありがとうございます
便利そうね
お箸もお皿もいらないです
パクっと
へええ いいなあ
昔の給食みたいな先割れスプーン なんだか好きで
古いものを買ったり もらったりして 使っています
先割れコテ(仮名)も欲しいなあ
家でスタンディングフライパンお好みパーティーしたいです
夜ごはんはRe:sの
かんぱーい
藤本さんと立ち飲み
前の週に1003の千織さんにおじゃました
児嶋さん 三宅さん はっちさん 大集合
12月23日は仙台の友人宅で鍋ソニックです
全国同時多発鍋 普及できればと
へえー 1003でもやろうかな
1003さんは古本屋さんです
昨年12月23日 仙台、神戸 鍋ソニック 開催しました
今年も開催予定です みなさまご自由に ご家庭でどうぞ

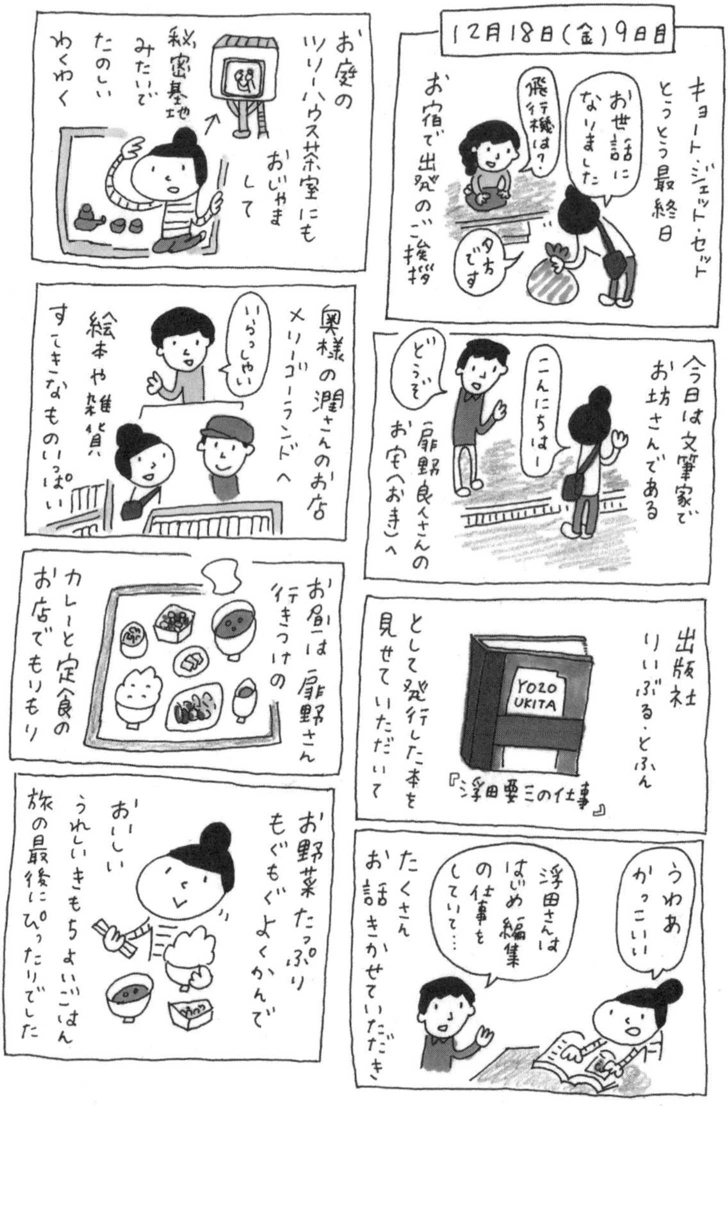
12月18日(金)9日目
キョート・ジェット・セット
とうとう最終日
お世話になりました
飛行機は?
夕方です
お宿で出発のご挨拶
今日は文筆家でお坊さんである
こんにちはー
どうぞ
扉野良人さんのお宅(お寺)へ
出版社
りいぶる・とふん
YOZO UKITA
として発行した本を
見せていただいて
『浮田要三の仕事』
うわあ かっこいい
浮田さんは はじめ編集の仕事をしていて…
たくさん
お話きかせていただき
お庭の
ツリーハウス茶室にも
おじゃまして
秘密基地
みたいで
たのしい
わくわく
奥様の潤さんのお店
メリーゴーランドへ
いらっしゃい
絵本や雑貨
すてきなものいっぱい
お昼は扉野さん
行きつけの
カレーと定食の
お店でもりもり
お野菜たっぷり
もぐもぐよくかんで
おいしい
うれしいきもちよいごはん
旅の最後にぴったりでした

ミシマ社
京都オフィスに
こんにちはー
もう一度おじゃまして
ガラガラ
お世話になりました
気をつけてー
いってきますのご挨拶
ミシマさんから
おつかれさまでした
オジャコですよ
お土産いただいて
オジャコ?
ちりめんじゃこですよ
鷲田清一先生が
これは日本一うまい!!って
ありがとうございます
へぇーえ
キキー
仙台に帰ったら
まずごはんを炊いて
日本一のおじゃこで
お腹いっぱい夜ごはん
むふふ 楽しみ!!
バス
空港行き
その便には間に合わないですねー
なんと!!
夜行バスの予約を…

せっかくですから
はい
もうひと飯
知人のおすすめの
瓶ビールください
大衆酒場へ
伝票がとてもすてき
記念にいただいて帰りたい
くらいのすてき度
夜行バスには
間に合いました
12月19日(土)10日目
12時間遅れで
無事帰宅
12時間遅れで
ごはんを炊いて
日本一!!
ニシマさんのオジャコで
お昼ごはん
数日後 仙台で鷲田
先生のトークイベント
終了後に
オジャコおいしいですね
しののめ!? あのおじゃこは日本一や!!
ニシマさんも言ってました
たくさんのおいしい京都
私の血となり肉となりました

Ⅲ

2016.2～2016.12

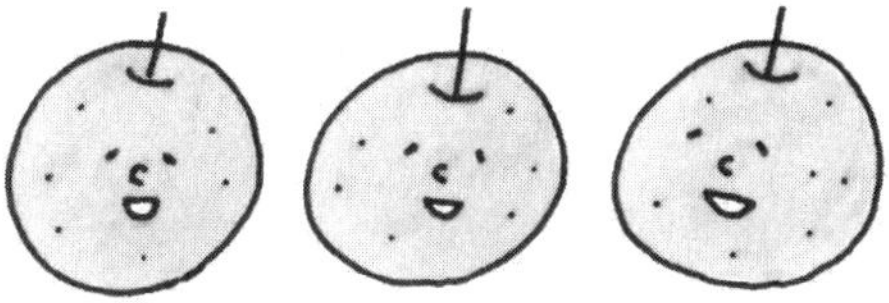

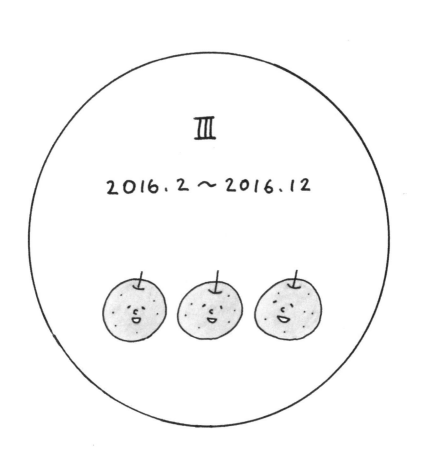

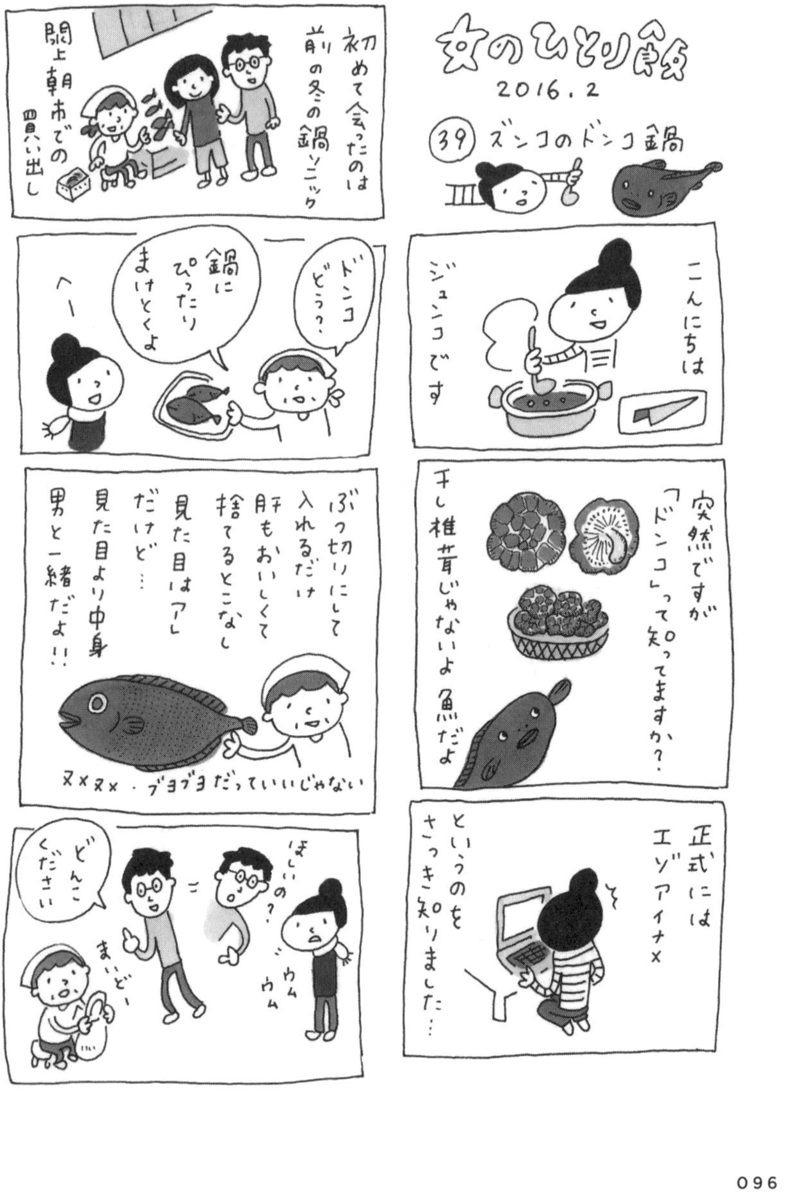
女のひとり飯
2016.2
㊴ズンコのドンコ鍋
初めて会ったのは
前の冬の鍋ソニック
閖上朝市での
買い出し
こんにちは
ジュンコです
ドンコどう?
鍋にぴったりまけとくよ
へー
突然ですが「ドンコ」って知ってますか?
干し椎茸じゃないよ魚だよ
ぶつ切りにして入れるだけ
肝もおいしくて捨てるとこなし
見た目はアレだけど…
見た目より中身
男と一緒だよ!!
ヌメヌメ・ブヨブヨだっていいじゃない
正式にはエゾアイナメ
というのをさっき知りました…
どんこください
ほしいの?
ウムウム
まいどー

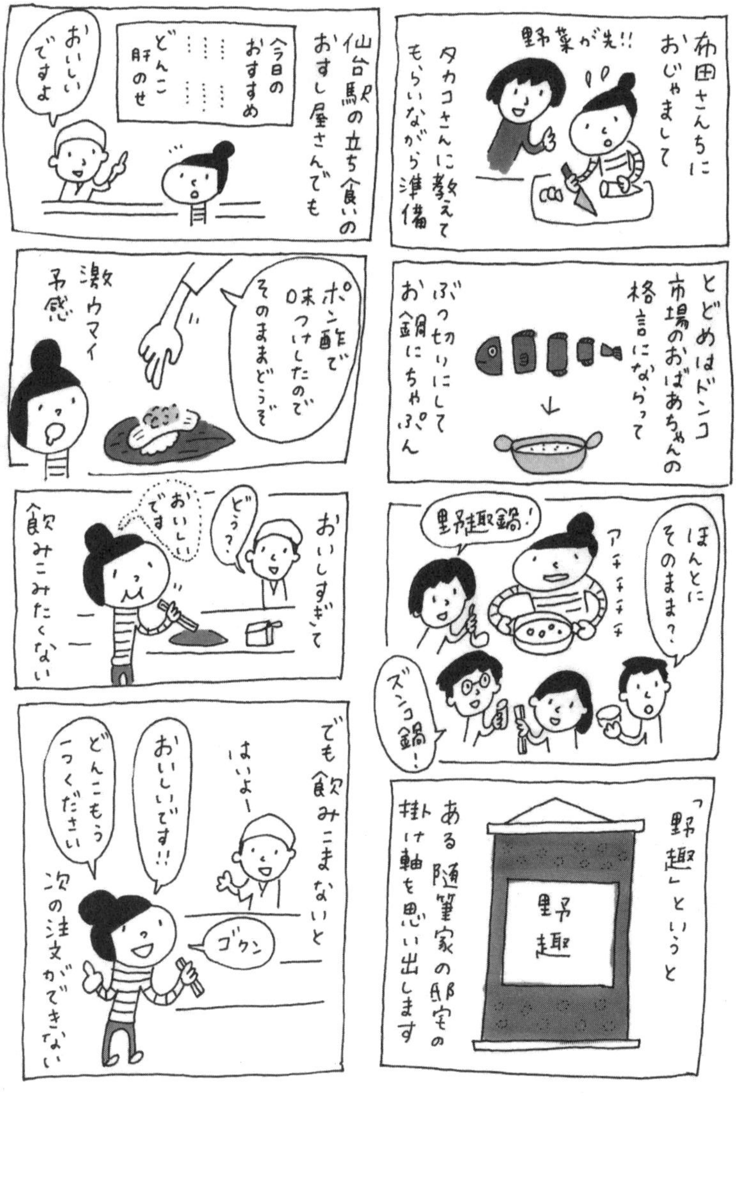
布田さんちにおじゃまして
野菜が先!!
タカコさんに教えてもらいながら準備
とどめはドンコ
市場のおばあちゃんの格言にならって
ぶつ切りにしてお鍋にちゃぽん
ほんとにそのまま?
野趣鍋!
アチチチチ
ズンコ鍋!
「野趣」というと
ある随筆家の邸宅の掛け軸を思い出します
野趣
仙台駅の立ち食いのおすし屋さんでも
今日のおすすめ
どんこ
肝のせ
おいしいですよ
ポン酢で味つけしたのでそのままどうぞ
激ウマイ予感
おいしすぎて
どう?
おいしいです
飲みこみたくない
でも飲みこまないと
はいよー
おいしいです!!
どんこもう一つください
ゴクン
次の注文ができない

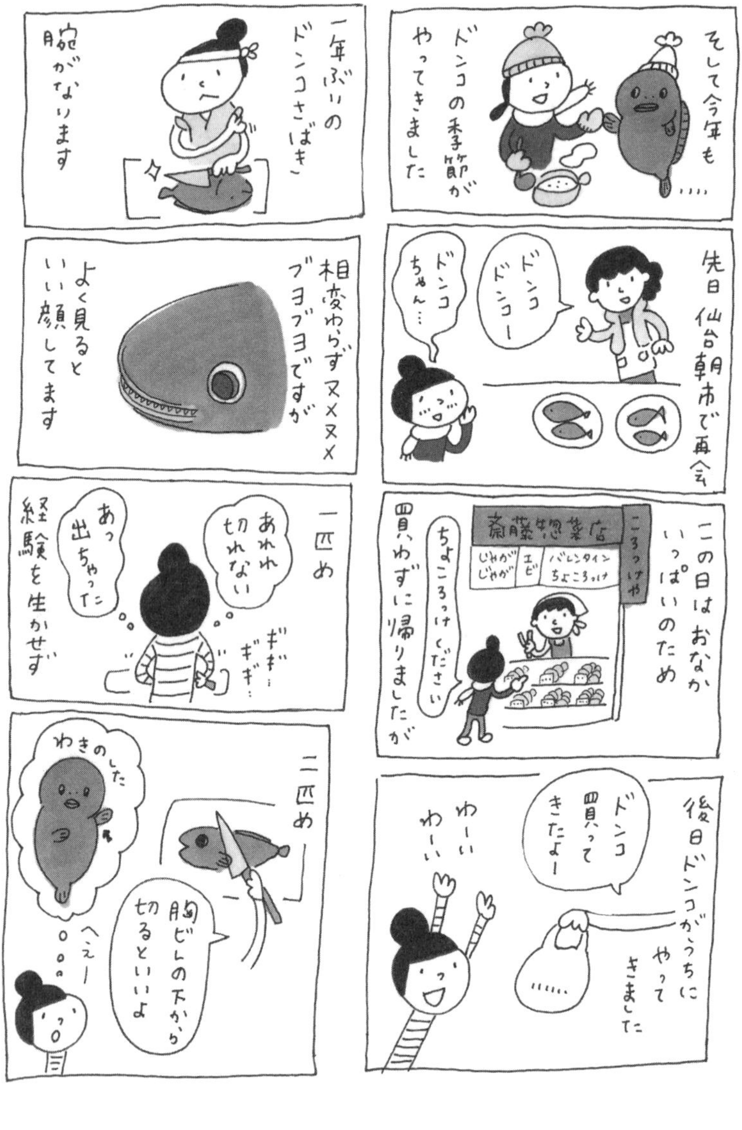

そして今年も……
ドンコの季節がやってきました
先日仙台朝市で再会
ドンコドンコー
ドンコちゃん…
この日はおなかいっぱいのため
ころっけや
斎藤惣菜店
じゃがじゃが
エビ
バレンタインちょころっけ
ちょころっけください
買わずに帰りましたが
後日ドンコがうちにやってきました
ドンコ買ってきたよー
わーいわーい
……
一年ぶりのドンコさばき
腕がなります
相変わらずヌメヌメブヨブヨですが
よく見るといい顔してます
一匹め
あれれ切れない
ギギ…ギギ…
あっ出ちゃった
経験を生かせず
二匹め
わきのした
胸ビレの下から切るといいよ
へぇー

大根・人参・ドンコ ぐつぐつ
みそとお酒で味つけして
豆腐とネギを入れたら
できあがり
はふー
おいしー
肝の味がとってもよい!!
食べ終えて残ったのは骨とヒレのみ
まさに捨てるところなし おいしくいただきました
ドンコのおかげで
ドンコちゃん…
ぽかぽか ぐっすり
朝起きてもぽかぽか
体中にドンコ熱がいきわたっています
見た目より中身だよ
私もドンコのようなひとに…
なろうかと思ったけど
ギャー
旧正月太りからの脱却すなわち見た目の問題の解決が急がれます

女のひとり飯
2016.3 40
ハッピー・ニュー・年度号
こんにちは
ジュンコです
髪切りました
えっもう今年4分の1経過っ?
スパーン
3
光陰矢の如し
今年もおとそ気分が消えぬまま
松の内まで
立春まで
旧正月まで
年賀状のお返しが遅れまくって
気がつけば年度末
そうだ新年度に出そう
年賀状じゃなくて年度賀状
新しいしきたり
新年度
あけましておめでとう!
今年度も
よろしくね
ジュンコ
友人知人の皆様しばしお待ちを
実家から届いて食べきれなかったお餅の山が
ドサッ
冷凍庫を圧迫し
一網打尽にしてくれよう
とはいえ
ぷぅー
磯辺つづきじゃ飽きちゃう

むかし本で読んだ
納豆餅?
がおいしそうだった
ことを思い出し
ネットで調べた
付け焼き刃一本
ぺろん
さらしに巻いて
ひたひた水で
お餅をレンジで
チンして
いつもはストーブの上で
焼いてましたが
ぷくー
ふわとろー
レンチン餅もよいですね
肝心の納豆は
どきどき
意外…
お砂糖を入れて
甘い納豆が
ごはんに乗って
いたら…
うぐっ
(イメージ)
お餅だと
もーみみー
(おいしい)
宮城ではポピュラーと
付け焼き刃に書いてあり
初耳
くやしい…
福島に
輸入しよう
ねり
ねり

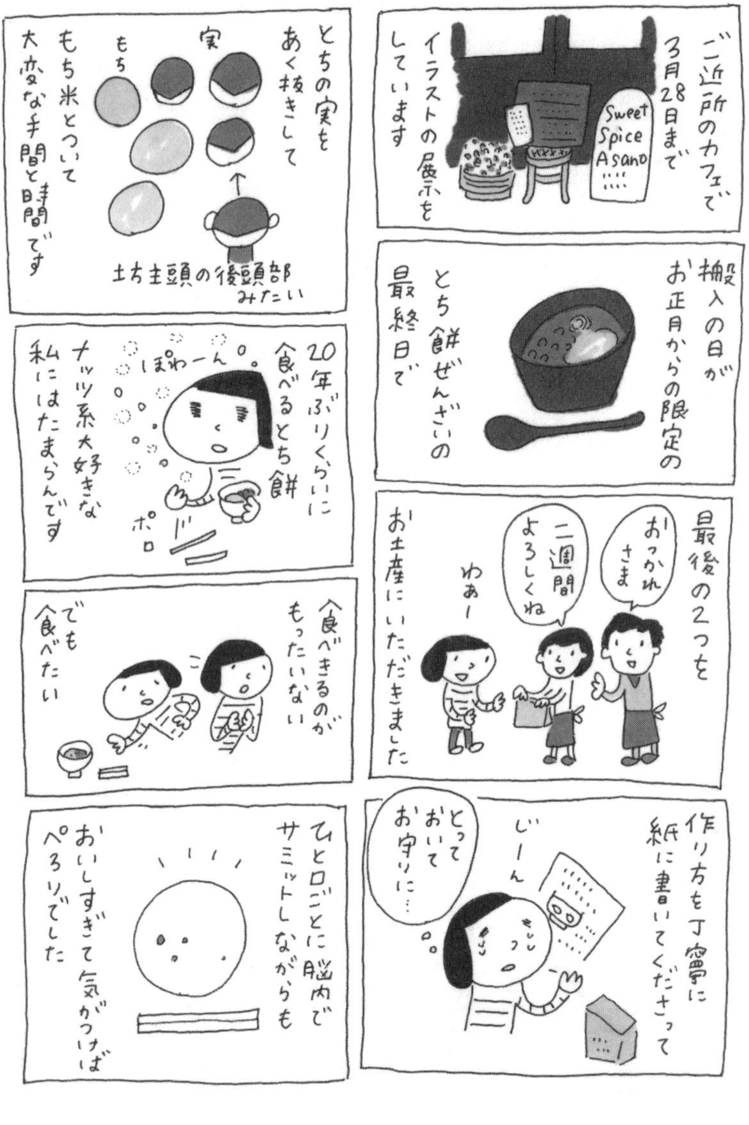

ご近所のカフェで
3月28日まで
イラストの展示を
しています
Sweet Spice Asano
搬入の日が
お正月からの限定の
とち餅ぜんざいの
最終日で
最後の2つを
おつかれさま
二週間よろしくね
わぁー
お土産にいただきました
作り方を丁寧に
紙に書いてくださって
じーん
とっておいてお守りに…
とちの実を
あく抜きして
実
もち
もち米とついて
大変な手間と時間です
坊主頭の後頭部みたい
20年ぶりくらいに
食べるとち餅
ぽわーん。
ポロ
ナッツ系大好きな
私にはたまらんです
食べきるのがもったいない
でも食べたい
ひと口ごとに脳内で
サミットしながらも
おいしすぎて気がつけば
ぺろりでした

ご近所の食堂も
藤
や
冬はおしるこがあります
でもそろそろ
みたらし
あんこ
ごま
桜もちとお団子にバトンタッチ
そしてもう少ししたら
あーん
柏もちも登場
ひな祭りも過ぎたのに
白酒のかわりに
甘酒ことことしてる
場合じゃないですね
小さい頃は
桜もちと柏もちの
どっちの葉っぱが食べられるんだっけ？
区別がつかず
どちらも食べてしまい
バリバリ
モゴモゴ
飲みこめないよー
そんなアクシデントも
乗りこえて
おかえり！
ただいま
二人とも大好きです
ラモーンズみたいに桜もち柏もち
とちもち納豆もちでバンドを
作って
MOCHIHA
MOCHIYA
なんて妄想してるうちにきっと
もう新年度ですね…とほほー

女のひとり飯
2016.4 (41)
山我々温泉ジェットセット
略してGJSふたたび号
GASGA
こんにちは
ジュンコです
一年ぶりに
山我々《がが》温泉に
おじゃましました
GASGA
(24)参照
今回は佐々木社長と
二人でドライブ
グルメ情報満載
ベルツのソーセージがおいしくて…
いつもソーセージ2箱とマスタード2瓶を買って帰ります
ムフフ
ベルツ
行きは素通り
ぐぅぅぅぅ
山我々に近づくにつれ
まだ雪がある
この長いトンネルを抜けると
山我々温泉がぱっと現れるのがとってもいいよね

ようこそ!!
こんにちは
佳子さん
保えさん
六代目 竹内宏えさん
コーヒーをいただきながら打ち合わせ
打ち合わせが済んで
ベルツの大ファンで毎回2箱と2瓶買って…
それはすごい
ある意味プロです
ソーセージもおいしいしマスタードも大好きです
ひと工夫でもっとおいしくなりますよ
ニヤリ
ぐっ!
森のソーセージレストランベルツは遠刈田にあり
峩々温泉が経営しているのです
GAGA
GAGA
マスタードにはちみつを入れるのがミソです
ハチミツ!?
はちみつー
お昼ですよ
わあすみませんありがとうございます
わーいわーい
今日のまかないはピリ辛具なしカレー……と
と?

ベルツのソーセージです
やんややんや
わっしょいわっしょい
お店で使っているのと同じオランダのつぶつぶマスタードに
ハチミツをとろーーり
かるーく混ぜてソーセージにのせて
おいしーい!!
でしょ
ハニーマスタードもよいけれどピリ辛カレーとの相性もばっちりでして
あえての具なし
お腹いっぱい胸いっぱいで
洋服は
デートは
お酒は
少し昔の仙台の話で盛りあがり
本にしてほしい…。
佐々木社長は夕方には仙台へ戻り
ありがとうございました
お気をつけて～
私はお言葉に甘えて休館日にもかかわらず
ちゃっかり泊まらせていただいて
プシュリますか
休館日だから特別ね
談話室で早め乾杯
佳子さん手作りのおやつもいただいて
チョコケーキ
シナモンロール
おいしいものなら無限にお腹に入るのどうしてでしょう

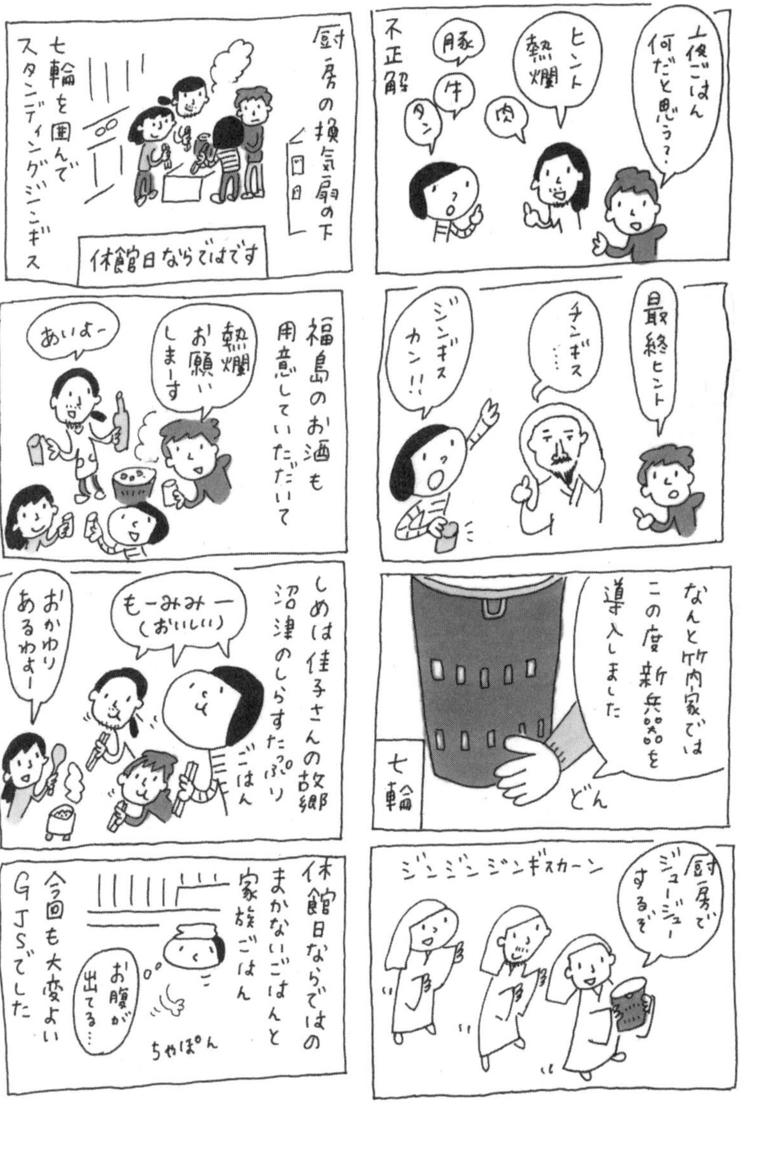
今夜ごはん何だと思う?・
ヒント熱燗
豚
牛
肉
タン
不正解
最終ヒント
チンギス…
ジンギスカン!!
なんと竹内家ではこの度新兵器を導入しました
七輪
どん
厨房でジュージューするぞ
ジンジンジンギスカーン
厨房の換気扇の下
七輪を囲んでスタンディングジンギス
休館日ならではです
福島のお酒も用意していただいて
熱燗お願いしまーす
あいよー
しめは佳子さんの故郷沼津のしらすたっぷりごはん
もーみみー(おいしい)
おかわりあるわよー
休館日ならではのまかないごはんと家族ごはん
お腹が出てる…
ちゃぽん
今回も大変よいGJSでした

女のひとり飯
2016.5 (42)
やっぱりそばが好き
ときどきうどんも♡
こんにちは
ジュンコです
そばやうどんを外で食べるのが
苦手だった時代がありました
箸の持ち方が下手なうえ
ちゅるっとすするのができないのです
もたもた
落語のように食べる人を見ると
ずずっ
おいしそう…
うらやましくなります
しかしトレーニングを重ねた結果
ほぼ正しく箸を
使えるようになり
去年から
立ち食いそば屋さん
へも行くように
デビューはそばの神田
そばの神田
まちなかでよく見る
チェーン店です

店外にある券売機は
アーケードに面していて
ちょっと緊張しました
でもこのポチッが
たのしくて
もっと押したい!!
ここから私の
券売機好きが
始まったんです
ケンバイキ?
前にトーキョージェット
セット中に入った
飲み屋さんで
券売機式を知り
黒ビール
4杯セット
①
②
③
④
仙台に戻ってからも
シュン
シュッ
券売機でポチッとしたいな
仙台で神田を知り
スチャッ
そばでお願いします
ファーストフードを
楽しむ日々
ストイックに食べて
さっと去っていく
その様子を眺めつつ
ぽ
のんびりいただきます

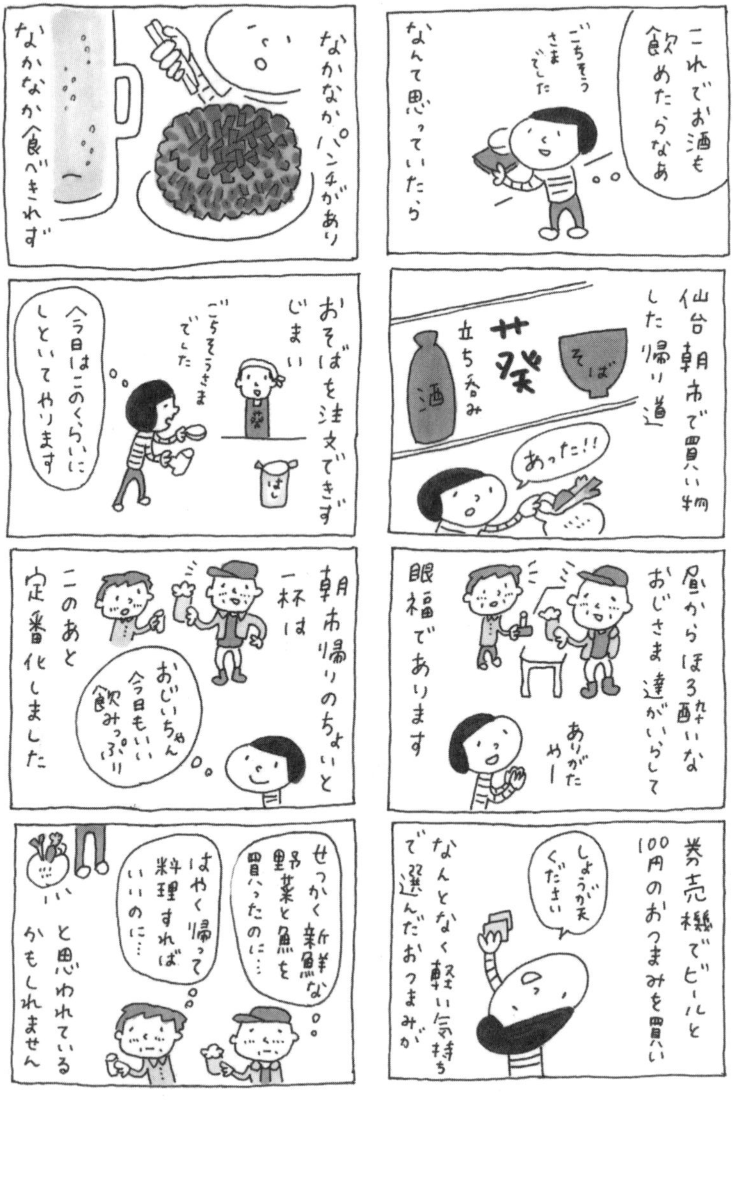
これでお酒も飲めたらなあ
ごちそうさまでした
なんて思っていたら
仙台朝市で買い物した帰り道
葵
立ち呑み
酒
そば
あった!!
昼からほろ酔いなおじさま達がいらして
ありがためー
眼福であります
券売機でビールと100円のおつまみを買い
しょうが天ください
なんとなく軽い気持ちで選んだおつまみが
なかなかパンチがあり
なかなか食べきれず
おそばを注文できずじまい
ごちそうさまでした
はし
今日はこのくらいにしといてやります
朝市帰りのちょいと一杯は
おじいちゃん今日もいい飲みっぷり
このあと定番化しました
せっかく新鮮な野菜と魚を買ったのに…
はやく帰って料理すればいいのに…
と思われているかもしれません

葵では楽天イーグルス
全試合生中継放映
ガンバレ!! 楽天イーグルス
勝ったら
ビール・ワイン 280円
日本酒・チューハイ 230円
楽天が勝つとお酒が
激安になります
先日も野菜と魚を
抱えて行くと
ちょうど最終回
お客さまも熱々でした
テレビの下に座って
しまったので
わあっ
ああー
試合よりみなさんの
様子を眺めることに
次回はみなさんが
祝杯をあげるのを
眺めながら
楽天ビール 280円
楽天ワイン 280円
楽天チューハイ 230円
楽天日本酒 230円
お得なチューハイを
いただきたいです
ポチッ…
そうそう
うどんの話も
kainokotori
貝の小鳥
絵本の古本と木のおもちゃのお店
東京・目白の
貝の小鳥さんで
マンガを展示中です
搬入でトーキョージェット
セット再び
池袋の屋上で
うどんを食べました
久しぶりの屋上は
ピカピカになっていて
でも遠くの煙突は
変わらずで
29日が展示最終日
また屋上うどんを
食べてから
腹が減っては
パチン
展示ができぬ
貝の小鳥さんに
おじゃまする予定です

女のひとり飯
2016.6 43
ちょっぴり早めの
アイス狂時代号
こんにちは
ジュンコです
腰痛に悩まされ
整骨院通いの日々
背骨が曲がっているのですって
みなさんもおからだお大事に
木村衣有子さんの2010年発行の
食べものエッセイ集
味見はるあき
木村衣有子
エッセイ集『味見はるあき』
足の大きな私のコンバースのスニーカーより大きそうな
ソフトクリームの写真が表紙で衝撃
買って読んでみると
岩手・花巻の『マルカンデパート』の大食堂では、ソフトクリームは割り箸で食べることになっている。
とのこと
私もいつかマルカンデパートで割り箸でソフトクリームを食べるぞ!!
イメージトレーニングを重ねること6年
しゃっ しゃっ

花巻市のマルカンデパート 6/7閉店………
マルカン 閉店
インターネットのニュースで閉店すると知り
やっと重い腰を上げて
花巻
一関
仙台
高速バスと電車で花巻市へ
やってきました
MARUKAN
MARUKAN
憧れのマルカンデパート
6階の大食堂は大混雑
行列は上の階の階段まで続いています
数十分後6階にたどり着き
メニューのケースを眺めて考えて
レジで先に会計して
ソフトクリームは1時間半待ちです
食券を買って
席を確保してから
0番のテーブルです
00
お店のかたに食券を渡すのですが
400席もある店内が
ほぼ満席

運よく窓際の眺めのよい席が空いて
ちょいと一杯ビールをいただいちゃいました
すてきな制服のウェイトレスさんが
ソフトクリームをどんどん運んでいき
ようやく私の席にも
ソフトクリームが
いざ割り箸を
不思議なケースからとりだして
ビョーン
ラーメンマンのおさげ髪のような
しっぽからぺろり
おいしい!!
山頂からあっというまに下山
お腹いっぱい胸いっぱいでまわりを見まわすと
老若男女問わずソフトクリーム大人気
花巻のかた
みんなに
愛されてるんだなあ
ちょっぴりほろりとしそうになります

大食堂存続にむけての動きがあるとのことで
花巻駅
また来まーす
話は変わって私の小さい頃の冷凍庫のレギュラーといえば
メンコちゃんミニゼリー
メンコちゃん ミニゼリー
ひと口サイズのフルーツ味各種のゼリーを
凍らせて食べます
ひんやりー
日本全国共通の幼い頃の思い出かと思っていましたが
知らないよ初耳!
↑
関東のかた
調査によると宮城県のメーカーのもので
うんうん
山形出身の同僚も食べてたって
近所のコンビニで売っているのをみつけて
大量に買い込んで
大量に凍らせて
ちまちま食べてます
おなかにショートステイ トイレにロングステイ
にならないように気をつけます

ちなみにこの原稿
仙台のアパートで描き始めたのですが
しめきり目標日に描きあげられず
飛行機に持ちこみ
移動中に続きを
ゆれるなあ
描けなかったので
こちらも木村衣有子さんの本
コーヒーゼリーの時間
木村衣有子
『コーヒーゼリーの時間』で紹介されている
丸福珈琲店へ
MARUFUKU
コーヒーゼリーくだ…
やっぱりゼリーマリアージュください!!
コーヒーゼリーの上にバニラアイスもりもり
アイス狂時代の私にはたまらないメニュー
うっかりアイスに夢中で筆が進まずハシゴして
キケン…
いまは白シャツなのにナポリタン注文して後悔です

2017年10月発行の
木村衣有子さんの本
『キムラ食堂のメニュー』
(中公文庫)の表紙は
マルカンのもう一つの名物
「ナポリかつ」の写真。
2017年2月に復活した
大食堂の様子も書かれていて
うれしく読みました。

女のひとり飯
2016.7 44
夏風邪は誰がひく
こんにちは
ジュンコです
はくしょん
夏風邪ひいてしまい
大量にあったティッシュのストックも底をつきそう
ずびー
今回の風邪で出た鼻水の量は
合計でどのくらいあるんだろう
鼻をかみすぎたせいか
中耳炎ですね
ひゃー
夏の小学生のよう
耳がもわーんとしています
とんとん
プールのあとで目を洗うあれ
名前は何というのでしょう
洗えない…
目が離れているせいでしょうか

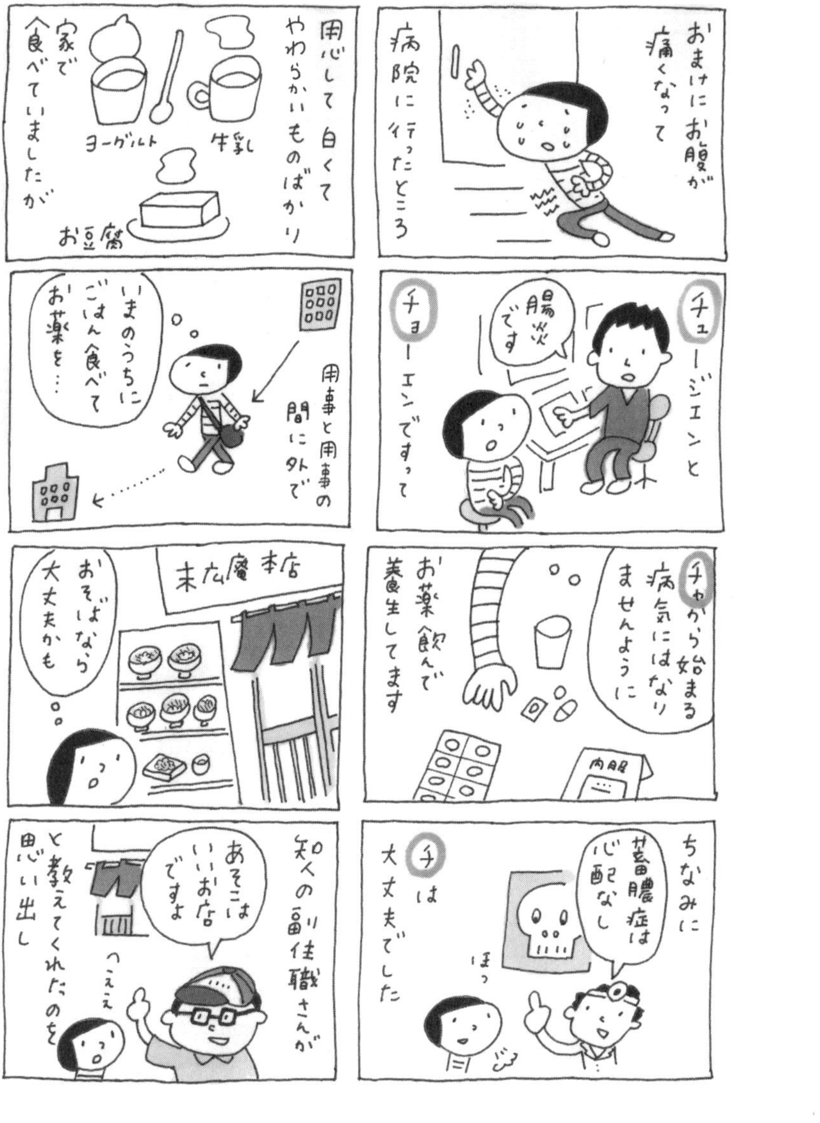

おまけにお腹が痛くなって
病院に行ったところ
チュージエンと
腸炎です
チョーエンですって
チから始まる病気にはなりませんように
お薬飲んで養生してます
内服
ちなみに
蓄膿症は心配なし
ほっ
チは大丈夫でした
用心して白くてやわらかいものばかり
牛乳
ヨーグルト
お豆腐
家で食べていましたが
用事と用事の間に外で
いまのうちにごはん食べてお薬を…
末広庵本店
おそばなら大丈夫かも
知人の副住職さんが
あそこはいいお店ですよ
へええ
と教えてくれたのを思い出し

後学のために…
ガラ
ガラ
最近この言い回しをよく使います
店内のいたるところに
食券をお買い求めください
「食券」の文字が
食券をお買い求めください
食券を買って
食券をお買い求めください
券売機好きなもので
シュッ
シュッ
嬉々として券売機を探すも見あたらず
カーン
奥の机に座っているお店のかたに尋ねると
ここで買ってください
壁にはメニューの写真が貼られています
陽にやけて見えない…。
三色そばって何ですか？
おろしととろろとたぬきのそれぞれにつゆをかけて…
こちらに決定
天そば！
食券はこちらで！
バサッ
ガタン
食券を……
このやりとりを3回見守ったのち
たのしいセットがやってきました

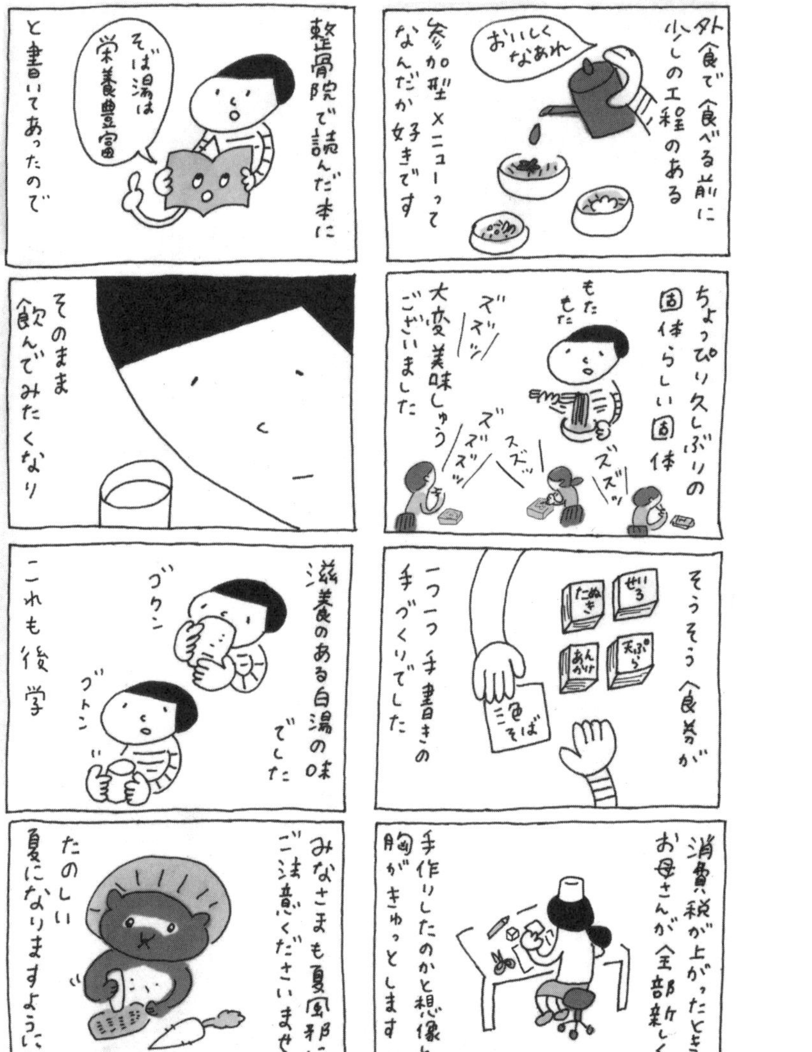
外食で食べる前に
少しの工程のある
おいしくなあれ
参加型メニューって
なんだか好きです
ちょっぴり久しぶりの
固体らしい固体
もたもた
ズズッ
ズズッ
ズズズッ
ズズッ
ズズッ
大変美味しゅう
ございました
そうそう食券が
たぬき
ざる
あんかけ
天ぷら
三色そば
一つ一つ手書きの
手づくりでした
消費税が上がったとき
お母さんが全部新しく
手作りしたのかと想像して
胸がきゅっとします
整骨院で読んだ本に
そば湯は
栄養豊富
と書いてあったので
そのまま
飲んでみたくなり
滋養のある白湯の味
でした
ゴクン
ゴトン
これも後学
みなさまも夏風邪に
ご注意くださいませ
たのしい
夏になりますように!!

女のひとり飯
2016.8 45
IJS(今治ジェットセット)号
こんにちは
ジュンコです
先日 知人宅の庭で
マツシマ夏のパンまつりがあり
満腹になったころには
私もこんがり
みなさまお盆休み
と夏休み
いかがお過ごし
でしたか?
フランス語の
あいさつをまねて
ボン・バカンス!
(よいバカンスを)
この時期になると
よく言います
ボン盆バカンス!
(よいお盆休みを)
あまり伝わりません

私はワークショップにお招きいただき
今治へ行きました
今治ホホホ座
1日目
まずは仙台から
大阪経由
神戸へ
ババビュ――ンと空から
前に取材した記事の掲載誌をお届けに
神戸在住の鳥瞰図絵師青山大介さんに会いに
asta
海の男の集う港町のお店に
メリケン亭
連れていっていただき
海と船と神戸を愛するみなさんの
輪におじゃまして
興味深いお話をたくさん教えていただきました
学生時代実習でひと月船に乗って…
窓を開けて寝たら船室が水びたしに
先生に怒られたときの言いわけが
クジラに襲われて
じゃあしょうがない
やってないよ

2日目
神戸
朝ごはんを食べ
に海を渡り
高松
丸亀
田んぼ道てくてく
空も田も青くて青くて
道端に小さな看板
TABI BAGEL
東京・谷中から丸亀
にお引越しした旅ベー
グルのマツジュンさんを
追いかけてここまで
来ちゃいました
マツジュンさんに
会えたしベーグル
食べたし、もう
思い残すことは
ありません
駅まで
送りつつ
うどんを
いただこうよ
わーい
との粋な
はからいにより
まごころ
フリースタイルで
ソウルフルな
うどんを
きめて
鯉のトロフィーだって
うどんじゃない
器の返却口のベルトコン
ベアが
ここも見所
だいぶ長かったです
返却

今治でもホホホ座のお二人にご案内いただきおいしいものを食べまくりの2日間でした。くわしくは今治ホホホ座のワークショップで製作したZINEをご覧ください。今治ホホホ座にあるはず。
チュン チュン
早朝喫茶を堪能し
3日目
早朝喫茶 ガーネット
港町ならでは
漁師さんは朝が早いから
早朝喫茶って何?
よく見る気が
梅宮辰夫は…
巨人は…
暑いね
野菜もってって
4日目
早朝
ガタン
ガラガラ
ジャー
お隣りの魚屋さんのお仕事音で目覚め
おかえりなさい
どうでした
漁師さんいなくてお年寄りが
元、漁師かもしれません
抜き足差し足忍び足
いってらっしゃい
のはずが豊島家のみなさんを起こしてしまい
ほかにもおいしいうれしいたのしい思い出いっぱい
描ききれないので今回はこれにてドロン!

女のひとり飯
2016.9 46
セプテンバーズおめでとう
こんにちは
ジュンコです
ご近所感覚で
沿岸部の蒲生に行き
朝から晩まで
楽しくすごして帰ったら
顔まっか!!
?
うっかり日焼け対策を
怠り、日焼けしすぎて
遊び疲れて眠って
しまった私を
手厚く看護して
もらってありがたや
保冷剤
翌日 着替え中に
背中…
鏡を見てみると
なんということでしょう
ボーダーが転写されて
問診表ふうに描くと
こーんなかんじ

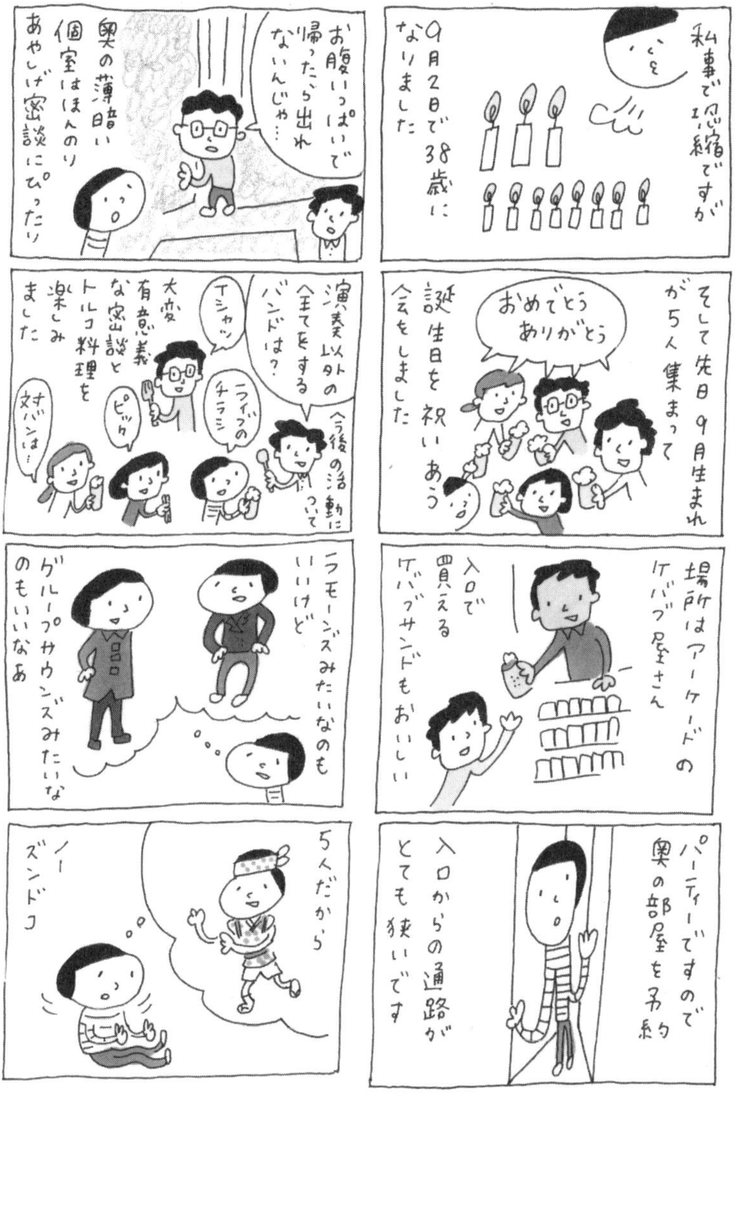

私事で恐縮ですが
9月2日で38歳になりました
そして先日9月生まれが5人集まって
おめでとう ありがとう
誕生日を祝いあう会をしました
場所はアーケードのケバブ屋さん
入口で買えるケバブサンドもおいしい
パーティーですので奥の部屋を予約
入口からの通路がとても狭いです
お腹いっぱいで帰ったら出れないんじゃ…
奥の薄暗い個室はほんのりあやしげ密談にぴったり
今後の活動について
演奏以外の全てをするバンドは?
Tシャツ
ライブのチラシ
ピック
対バンは…
大変有意義な密談とトルコ料理を楽しみました
ラモーンズみたいなのもいいけど
グループサウンズみたいなのもいいなあ
5人だから
ズンドコ
ノー

お店のかたが
辛くしてみる?
辛いの好き 食べたーい
ハバネロ?
辛い
おいしい
もっと辛くてもいいかも
奥の扉を開けて
ガサゴソ
ムム
もっと辛いの食べる?
食べたーい
すると今度は厨房へ待つこと数分
出てきたのは赤い液体
?
出てきたのはまたしても赤い液体
何が入ってるのですか
内緒のようです
ピタパンにトマトのソースをのせて
赤い液体1・2滴
辛い… おいしい… でも辛い
次に食べたチーズのソースがとても優しかったです

メニューの下のほうに
水タバコ
やってみたい!
路上で水タバコを嗜《たしな》むおじさんたち
写真で見たことがあります
水タバコのメニューを見せてもらって
おすすめはアップル
甘い味がいっぱい
アップル水タバコ早速いただきます
まず吸って
ほわほわします
ほわー
ほんとにアップル
これも昔写真で見た
エクトプラズムみたいでした
最後は10数年ぶりにプリクラ撮影して解散
どこ押すの
パシャ
何これ
もう一回
上?下?
もう終わり?
また来年元気に祝いあいましょうね

女のひとり飯
2016.10 47
酒とカレーとカレーとおでん号
アルプス
こんにちは
ジュンコです
10月15・16日
尚絅学院大学で
ライブドローイングを
しました
前日に先生たちから
もらった裏紙を
貼りあわせて大きな
紙をつくり
これじゃ
はみでるかも
表現文化学科の
オープンキャンパスの
教室の壁に貼り
どうにか入った…
2日間行われた学校祭
「尚志祭」で
目にしたものを描きました
射的
始まる前に腹ごしらえ
学食に入って
お昼ごはん
カレー
ください
カレー
出てきたカレーは
ど〜ん
なかなかの
盛りっぷりで
食べきれるかしら

向こうの学生さんはカレーに加え
からあげやら何やら平らげんとしていて
学食は学生さんサイズなのね…
減らない…
10数年ぶりの学食にKO負けでした
見に来てくれたかたの
似顔絵も描いたら
精密な似顔絵を描きかえしてもらって
さすが表現文化学科
実物はもっと上手
キュートな女の子たちが見に来てくれて
中庭でカレーパン揚げてます
あとで行きます
キュ〜
お手伝いをしてくれた学生さん情報で
毎年人気ですぐ完売
お財布片手に
中庭へ急ぐと
ガールズは元気に
カレーパンを販売していました

カリサクフワ
ジュワトロ
ハフー
大変おいしく
いただきました
あれ、私カレーライスで
お腹いっぱいになった後
カレーパン食べてますね
続いて2日目
フォーの
いいにおいが
します
カレーぬきでゆるゆると
描いていたところ
友だち一家が
来てくれました
差し入れに
おつかれさまのおやつに
わーい
ぽってりしたどらやき
いただきました
その直後
別の友だち一家が
来てくれて
ドラえもんの貯金箱
をいただいて
うちにも同じのがあるよ
おそろいだね
小さな奇跡みたいな
2つのプレゼント
終るまで並んで
見守ってくれました

帰りのバスを待つ間
どらやきおいしくいただきました
ドラえもんのひそむこのトートバッグ
実は入っていたのは画材ではなく
友人宅で行われた
ワンカップ選手権のためのワンカップ
＊学校では飲んでませんよ
それぞれが旅先で買ってきたワンカップ
4
この日に一挙に開封して乾杯します
ひとり5カップ以上
飲む
×23
ちょっと飲む
飲まない
飲まねばなりません
ゆみっぺさんのおでんがすばらしくおいしく
・自家製つみれ
・自家製がんもどき
おしながき柱に貼ってある
つみれおいしい…
もりもり食べて
むらまつ
← 芋煮会用レンタルなべ（大）
ジブリのどのごはんがおいしいかとか
?
一本選ぶならどれかなど話し合い
映画「タンポポ」を途中まで観てお開き
まだあるよー
また飲みにきます
今年度第2回が近々ありそうです

女のひとり飯
2016.11 48
おすそわけの少女の
わらしべ生活号
こんにちは
ジュンコです
先日実家の母から
毎年恒例の
愛の救援物資が
届きまして
母の友人が果樹園
にお嫁に行っていて
今年も○○ちゃんに
梨注文したから
わーい
1度に
10キロ届きます
ひとつひとつが大きく
手のひら超えサイズ
新高
量ってみたらひとつで
640グラムでした
さっそくむいて
食べたところ
フルーツ王国ばんざい
ちなみに私の好きな
果物ベスト3は
りんご
梨
桃
1
2
3
となっております

とはいえ10キロ食べ尽くした頃には
梨腹になってしまうので
お世話になっているご近所のお店に
梨はいりませんか
おすそわけ巡礼の旅
1軒目はおばあちゃんの店
だんご
立派だこと
なんと逆に
これ食べて
豆もちをいただいて
塩気がよい塩梅の
うまー
おばあちゃんの豆もち大好物です
2軒目はお母さんの店
やきとり
あら大きい
なんと特別に
よかったら
まかないいただいて
梨が
おいしい!
この時期の茄子もおいしいのよ
茄子になりました

3軒目はお姉さんの店
中華
重たいネー
なんとお返しに
実家のパンよ
お土産いただいて
リンさんのご実家は中国で
気をつけて帰ってねー
ありがとうございます
カキや海苔などの養殖をしているそう
リンさん曰く同じまちで生まれ育ち
いまは離れた場所で暮らしているひとなら
きっとみんな涙を流して食べる
そういう食べ物
パンも中にみっしり入っている海苔も
きっとリンさんのご家族の手作りで
リンさんの気持ちもご家族の気持ちも
おすそわけいただいて
お腹も胸もほかほか
私のソウルフードも里帰りから戻るとき
味ごはんだよ
味ごはん大好き!
母が持たせてくれるおにぎりかも

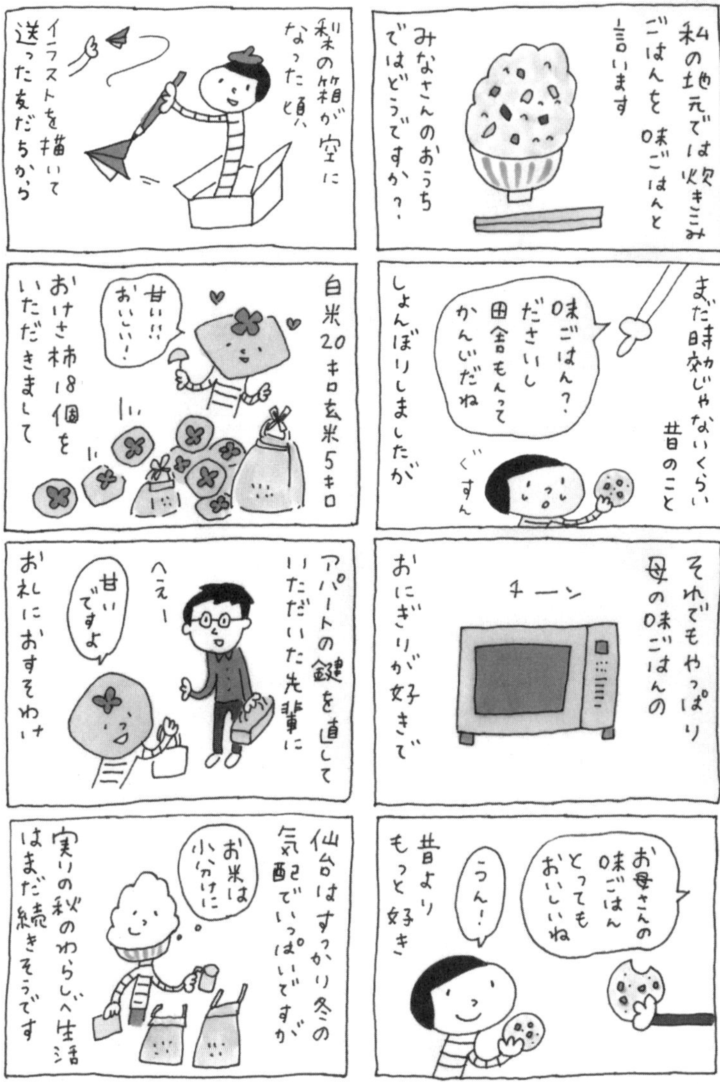
私の地元では炊き込みごはんを味ごはんと言います
みなさんのおうちではどうですか?
まだ時効じゃないくらい昔のこと
味ごはん? ださいし田舎もんってかんじだね
しょんぼりしましたが
ぐすん
それでもやっぱり母の味ごはんの
チーン
おにぎりが好きで
お母さんの味ごはんとってもおいしいね
うん!
昔よりもっと好き
梨の箱が空になった頃
イラストを描いて送った友だちから
白米20キロ玄米5キロ
甘い!! おいしい!
おけさ柿18個をいただきまして
アパートの鍵を直していただいた先輩に
へえー
甘いですよ
お礼におすそわけ
仙台はすっかり冬の気配でいっぱいですが
お米は小分けに
実りの秋のわらしべ生活はまだ続きそうです

女のひとり飯
2016.12 ㊾
『月刊佐藤純子』が
ちくま文庫になりました号
祝文庫化
こんにちは
ジュンコです
よ〜っ
ちくま文庫『月刊佐藤純子』が
12月8日に発売されました
小さく分厚く内容倍増!!
月刊 佐藤純子
佐藤ジュンコ
いつもお世話になりまくっている
あゆみBOOKS仙台青葉通り店で
二階堂店長
土屋さん
家でいつも使っているちゃぶ台を設置して
ありがとうございます
サイン会をしました
終了後はみんなで祝杯だー!!
のはずが
あわわわ
タクシー!!
慌ただしく撤収して
バタン
祝杯…
タクシーに乗りこんで帰ったのでした

じつはこの原稿
病院の談話室で描いています
紹介します
パートナーのポールです
なんて言ってましたが
シャバが恋しくてしかたないいまは
ねえポール…そろそろさよならしましょ
一人芝居小劇場はこのくらいにして
BYOTO ROCK
経緯をご説明いたします
『月刊佐藤純子』発売日の夕方
お腹がもやもやして熱っぽい…
かぜかな
サイン会もあるし病院に行こう
ピッ
短い白衣がビッグバンドを思わせる先生が
軽めの腸閉塞かな
チョーヘイソク!?
病名が与えられた途端シナプスがふっとんで
ぽーー
うちの医院じゃしっかり治してあげられないから大きな病院に連絡するのでしっかり治して!

呼んでいただいたタクシーを待つ間
専門のいい先生いるところだから大丈夫!! 手ぐすねひいて待ってるはず
カッカッ
カッカッ
カーネル・サンダースが水戸黄門のように笑った
手ぐすねひいてた眉目秀麗な先生は
腸閉塞にはまだなる前の極めて軽い、と言っていいです
ほっ
が、絶食して様子を見ましょう
しばらく入院で
カチカチ
カチカチ
ガーン
今月のひとり飯は
飯ぬきの刑
ど――うしてもな用事がありまして入院は……
外出なら…
というわけで
シャバの空気はうまいなあ
点滴の針を刺したままサイン会へ
早すぎる門限に
シンデレラのごとくギリギリセーフ
みんなで記念写真とりたかったけど
とれなかったので
イラストで備忘

絶食中でも
水分はとってもよくて
差し入れ
ちぇっ
やさぐれていたときにもらった
ポカリスエットが
ぷはーおいしい！
どん
あんまりおいしくてびっくりして
角の立たないグレープフルーツ感と副旋律のごとき塩化ナトリウム感
そして常習性のある甘さ
ポカリ談義に花
結論
ポカリスエットは
ご注文は
ソルティ・ドッグウォッカぬきおかわり
ソルティ・ドッグの味がします
談義の途中ですが
〈ニュース速報〉
便秘解消につき退院が許可されました
わーい
わーい
続報が入りました
〈ニュース速報〉
入院費用は生活費1か月分
次回は健やかな飯話をお届けしたいです
月刊佐藤純子はいりませんか
みなさんも体に気をつけてよい冬を

あゆみBOOKS
仙台青葉通り店は
2017年1月に閉店。
悲しみにくれながらも
仙台一番町店へと足繁く
通うようになり
一番町界隈でのめしあるき
が増えました。

Ⅳ

2017.1 ～ 2018.3

女のひとり飯
2017.1 50
〈祝50回!! ぬり絵でひとり飯〉
20年ごしのテンヤ飯号
こんにちは
ジュンコです
祝
祝50回
「女のひとり飯」も
いつのまにやら50回
いつも楽しく読んでいただき大感謝です
次は100回めざして楽しくがんばります
今年もよろしくお願いします!
これからもゆるりと楽しんでくださいませ
近所でよく見る
昔ながらのおそばの出前スタイル
評判のお店のようでご近所の友だちが
おそばもいいけどカレーもいいよ
へぇー
と教えてくれました
私の実家は田舎で近所にお店がなく
何にする?
僕カツ丼
テレビでこんな光景を目にして
テンヤモノいいなあ食べてみたいなあ…
出前へのぼんやりした憧れをつのらせておりました

仙台で一人暮らしをするようになって
近所で出前の痕跡を目にすることも増え
たまに家族でテンヤモノ頼んだりするよ
と経験者の声を聞き
ますます憧れ
でも私の家には
これがない！
おしながき
電話のそばに置いてあるあれはどうやって
手に入れることができるのだろう
思いあぐねて幾年月
ある午後
布団から出たくない病が深刻化して
あったかいおそばの汁を飲んだらわかる気がする…
でも外にも台所にも行きたくない…
その時ご近所でよく見る出前のおじさんの姿が
脳裏をよぎり
あいぽん先生に電話番号を尋ねると
なんと店内のおしながきの写真も出てきて

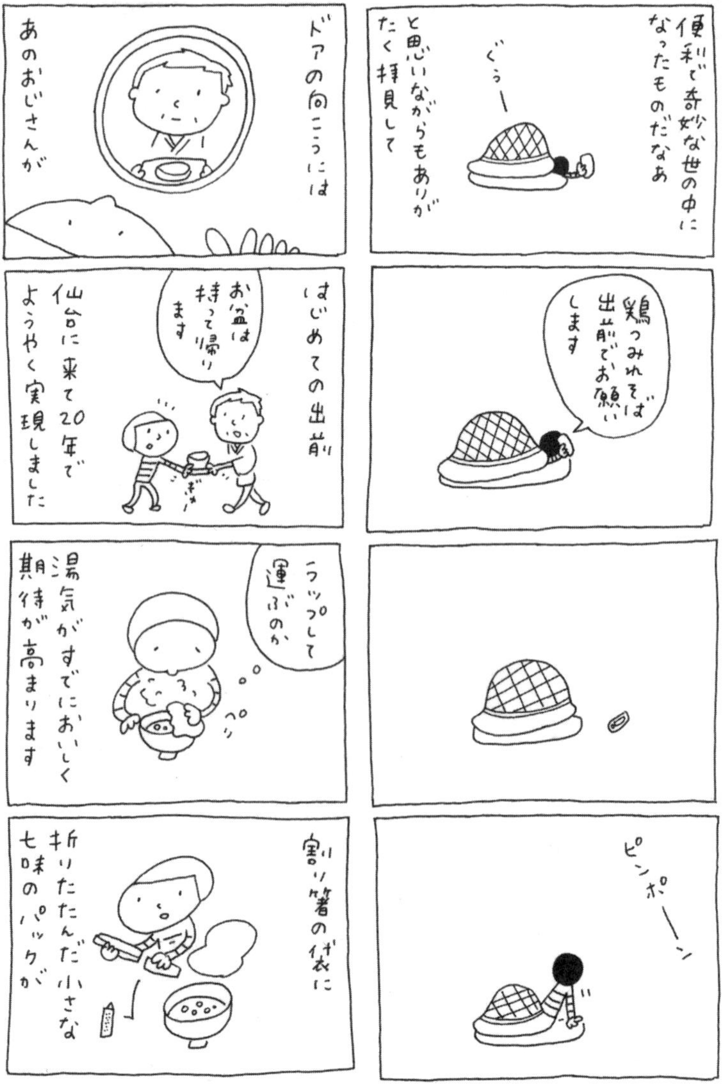
便利で奇妙な世の中になったものだなあ
ぐぅー
と思いながらもありがたく拝見して
鶏つみれそば出前でお願いします
ピンポーン
ドアの向こうには
あのおじさんが
はじめての出前
お盆は持って帰ります
仙台に来て20年でようやく実現しました
ラップして運ぶのか
湯気がすでにおいしく期待が高まります
割り箸の袋に
折りたたんだ小さな七味のパックが

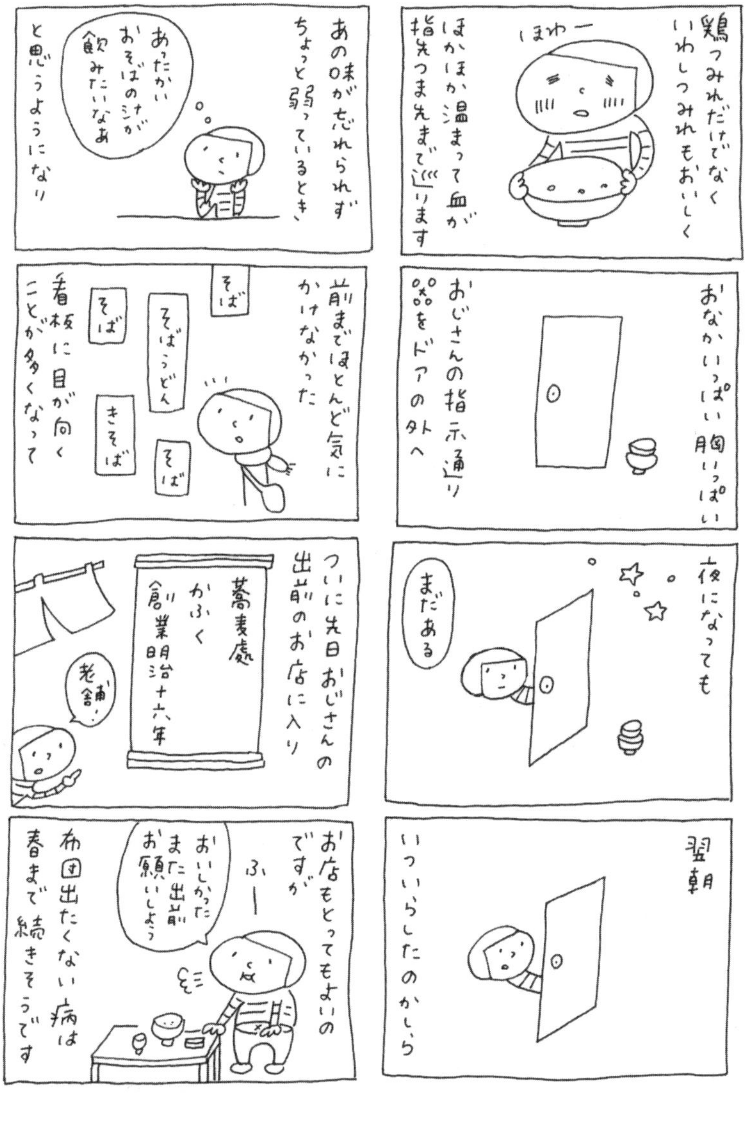
鶏つみれだけでなく
いわしつみれもおいしく
ほわー
ほかほか温まって血が
指先つま先まで巡ります
おなかいっぱい胸いっぱい
おじさんの指示通り
器をドアの外へ
夜になっても
まだある
翌朝
いついらしたのかしら
あの味が忘れられず
ちょっと弱っているとき、
あったかい
おそばのシルが
飲みたいなあ
と思うようになり
前までほとんど気に
かけなかった
そば
そばうどん
そば
きそば
そば
看板に目が向く
ことが多くなって
ついに先日おじさんの
出前のお店に入り
蕎麦處
かふく
創業明治十六年
老舗!
お店もとってもよいの
ですが
ふー
おいしかった
また出前
お願いしよう
布団出たくない病は
春まで続きそうです

女のひとり飯
2017、2 51
むしろカウンターのほうが
こんにちは
ジュンコです
いまさらの話題で
恐縮ですが
× 年の数
煎り豆はわかるけど
ピーナツは
× 年の数
× 年の数
わからない
倍になる
??
仙台駅そばの
小さな通りの
ちだや
小さなお店
L字型のカウンター
だけの立ち飲み屋さん
いつも満員
ですがみなさん
ありがとうございます
ちょっとずつ詰めてくれて
私ももちろん
どうぞどうぞ
のちほど詰めます

このカウンターをとりしきるのが3人の女性たち
お揃いのエプロンでいつも気持ちよく立ち働く様子がすてきで
SENDAI CHIDAYA
仙台のチャーリーズエンジェル！
よっ
と心の中で呼んでます
はいおから
わーい
私は3人のファンです
おつまみはどれも
・冷奴
・湯豆腐
・キムチ
・ザーサイ
・ワンタンスープ
・おから
・みそこんにゃく
・たこのからあげ
・フライドポテト
低価格でありがたや
私のお気に入りは
食べ切れるかな…
一味
お茶碗いっぱいの自家製のおから
杞憂でした
空の器下げますよー
はーい
おかわりしたい…
おからにも湯豆腐にも
一味唐がらし
一味がそっと添えられるのも好きです

お店によっては
大変申し訳ありませんがカウンターのお席でもよろしいでしょうか?
と謝られますが
自分から
すみませんがカウンターでもいいですか?
とお願いすることもあります
お店のかたの様子やお客様とのやりとりを
見るともなく見るのがなんとなく居心地よく
私自身ちょっとしたやりとりが
いらっしゃい
今日もハイボールでいい?
なんだかとってもうれしいときもあって
ジュンコといえばビール
プシュ
とお思いのかたも多いかもしれませんが
ここではハイボール派
お飲み物
ちだやハイボール（レモンなし）
7角ハイ
濃い
…
ちだやに来たらハイボール
ハイボールください
カウンターの内側のほうにゴムひもが張られ
伝票と「お得意様カード」を挟みます
「お得意様カード」私もいただいていて
カードあるよね
はい…
出すときにうれしくてちょっぴりどきどき

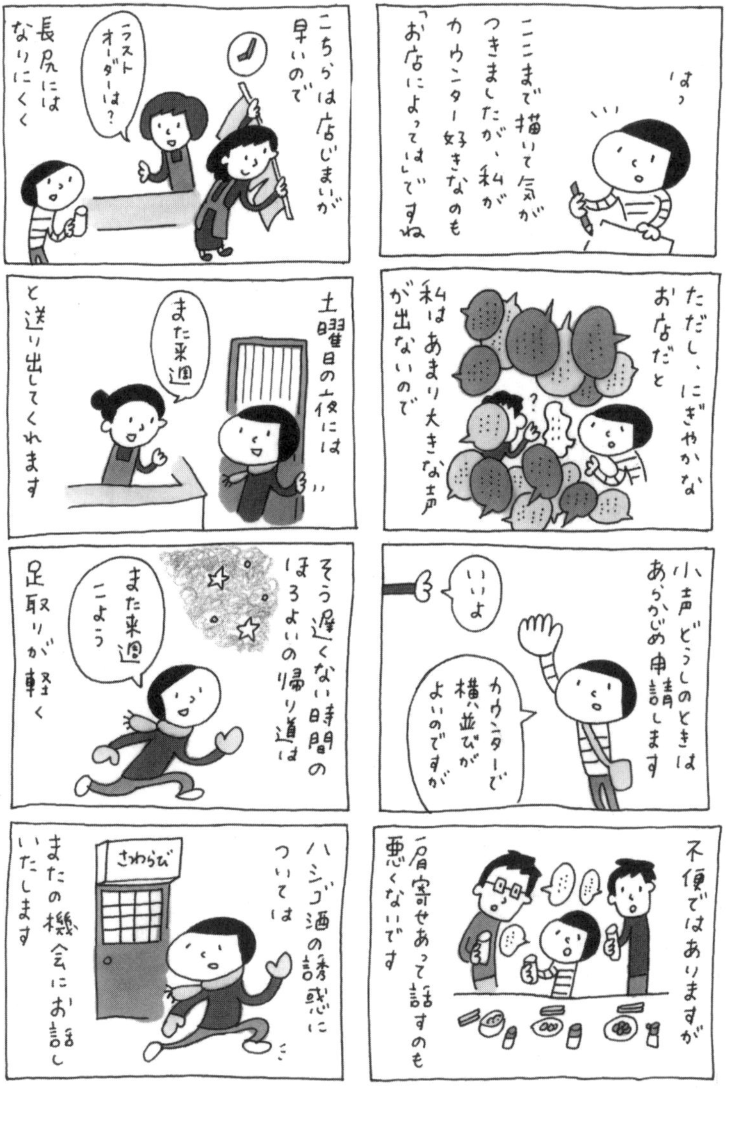
はっ
ここまで描いて気がつきましたが、私がカウンター好きなのも「お店によっては」ですね
ただし、にぎやかなお店だと
私はあまり大きな声が出ないので
小声どうしのときはあらかじめ申請します
カウンターで横並びがよいのですが
いいよ
不便ではありますが
肩寄せあって話すのも悪くないです
こちらは店じまいが早いので
ラストオーダーは？
長尻にはなりにくく
土曜日の夜には
また来週
と送り出してくれます
そう遅くない時間のほろよいの帰り道は
また来週こよう
足取りが軽く
ハシゴ酒の誘惑については
さわらび
またの機会にお話しいたします

女のひとり飯
2017.3 52
佐藤ジュンコ(38)展します
こんにちは
ジュンコです
めっきりめきめき春めいて
冬眠から覚めたような気持ち
舌の根も乾かぬうちに
春眠暁を覚えず
実はこの原稿
カメラで動画を撮影しながら描いてます
4月4日(火)から仙台のギャラリー
ターンアラウンドで個展をします
宣伝しちゃって申し訳ございません
4月11日(火)は古本屋さんのマゼランの
店主の高熊さんとトークイベントです
↑実際はヒトです
私が描いている様子をトークの時に
テレビの漫勉みたいに映して話しましょう
ということで
コポコポ

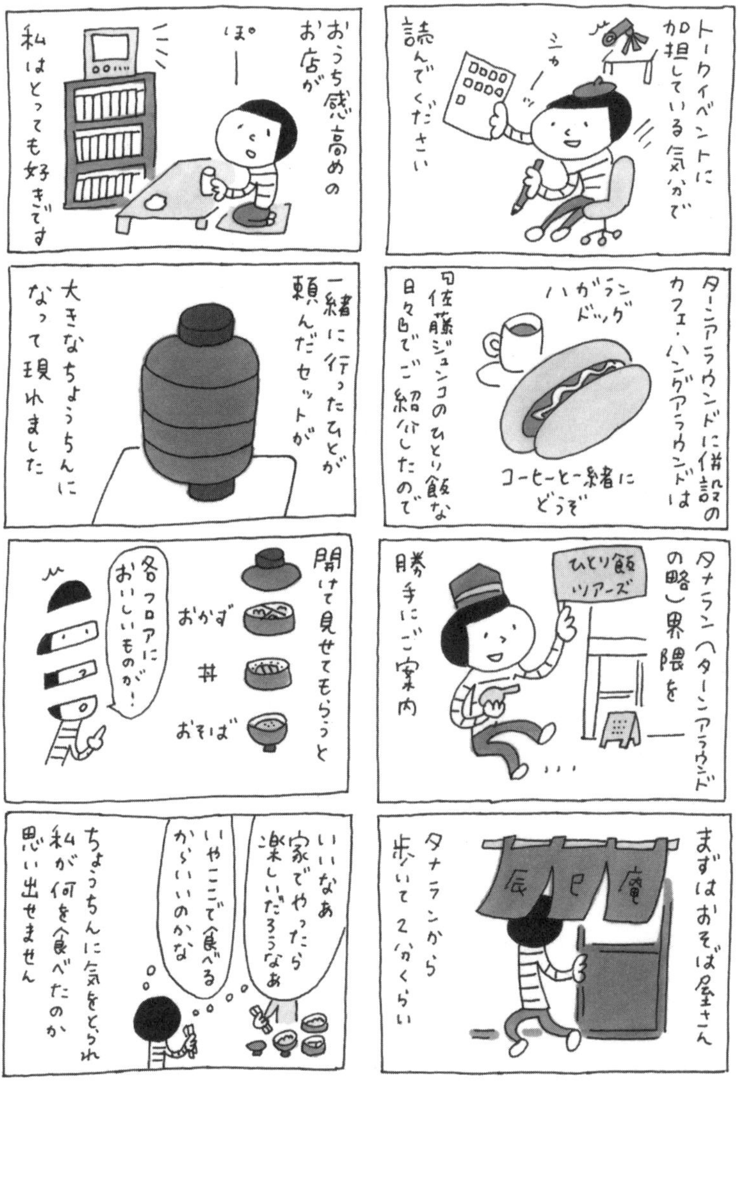
トークイベントに加担している気分で
読んでください
シャーッ
ターンアラウンドに併設のカフェ・ハングアラウンドは
『佐藤ジュンコのひとり飯な日々』でご紹介したので
ハングランドッグ
コーヒーと一緒にどうぞ
タナラン（ターンアラウンドの略）界隈を
勝手にご案内
ひとり飯ツアーズ
まずはおそば屋さん
タナランから歩いて2分くらい
辰巳庵
おうち感高めのお店が
ぽー
私はとっても好きです
一緒に行ったひとが頼んだセットが
大きなちょうちんになって現れました
開けて見せてもらうと
おかず
丼
おそば
各フロアにおいしいものが！
いいなあ家でやったら楽しいだろうなあ
いやここで食べるからいいのかな
ちょうちんに気をとられ私が何を食べたのか思い出せません

ご近所に住む常連さんと覚しき方が
いま天そば注文して…
お友だちに電話をかけていて
いまからおいでよー あなたの分も注文するから
天そば2つで注文するからおいでよ
注文しとくからのびないうちに来てね
やっぱり2つ…
お友だちもおそばの伸びない距離にお住まいなのでしょうか
続いてかつ丼屋さん
かつどんのかつどん家
とんかつ
おそば屋さんから歩いて一分
こちらは違う意味で
かわいいなあ
ウフフ
おうち感高めでした
日曜日の午後6時すぎ
アニメをぼんやり見ているうちにあっという間に満席に
お店の名前はかつ丼だけどのれんはとんかつ…
とんかつ
かつどん
……
迷いましたが
とんかつで!

とんかつを大変おいしく
いただいてましたが
相席になった青年は
かつ丼を注文
静かに大事そうに
食べて、小さな声で
ごちそうさまでした
と言ってお会計をして
帰っていきました
ぺろりきれいに食べた
器を思い出すと
食べていないかつ丼まで
もうすでに好きです
2週間の展示中に
ちょうちんとかつ丼を
食べに行きたいなあ
お店ではありませんが
橋の手前の坂から
タナランへ下りると
よく猫に会います
別の長い坂を下りて
いくときは
テレビ塔が見えます
帰り道は月に照らさ
れて歩くことが多いです
丸くて大きい月
たまたまかもしれないけど
そんな行き帰りの道
もあわせて
おたのしみくださいませ

女のひとり飯
2017、4 ⑤③
佐藤ジュンコ(38)展
しました号
こんにちは
ジュンコです
前回のつづき
仙台のギャラリー
ターンアラウンド
での個展「佐藤ジュンコ
(38)」終了しました
壁に108コマ漫画を
描いたり
ギャラリーの全てのガラスにイラストを
描いたりしつつ
しっかり額装した
作品も
展示しましたよ
搬入の晩ごはんは
フタ
おかず
丼
おそば
前回ご紹介した
ちょうちんセットを
ギャラリーまで出前を
とっていただき
ギャラリーのみなさんと
食べました
私が頼んだのは
「開化丼」のセット
開化丼？

牛肉と玉ねぎの卵とじ
牛肉も玉ねぎも明治時代から食べるようになり…だって
へぇ〜
牛肉のことは歴史の授業で聞いたけど
玉ねぎのことは知らなかったなあ
お腹が割れるかもしれないから気をつけてね
は〜い
アドバイスを受け覚悟していたものの
食べ終わる頃は
ちょうちんおばけになってました
初日は新年度会
よ―――っ!!
みんなで鏡開き〜
カコン!
前の晩から煮込んだおでんを食べつつ
乾杯しておしゃべり
週末はカフェコーナーをスナックにしたり
バーにしたり
お腹いっぱい胸いっぱいうれしい2週間でした
ありがとうございました
次回は来年(度)
佐藤ジュンコ(40)です

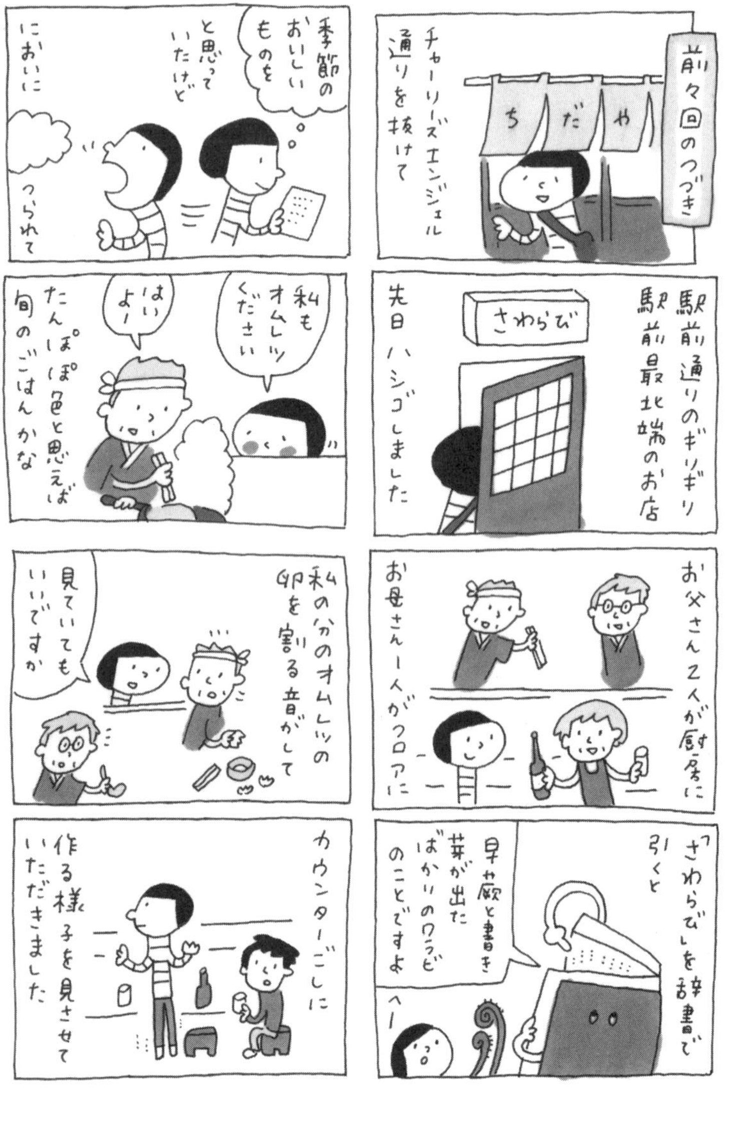
前々回のつづき
チャーリーズエンジェル通りを抜けて
ちだや
駅前通りのギリギリ駅前最北端のお店
さわらび
先日ハシゴしました
お父さん2人が厨房に
お母さん1人がフロアに
「さわらび」を辞書で引くと
早蕨と書き芽が出たばかりのワラビのことですよ
へー
季節のおいしいものをと思っていたけど
においにつられて
私もオムレツください
はいよ!
たんぽぽ色と思えば旬のごはんかな
私の分のオムレツの卵を割る音がして
見ていてもいいですか
カウンターごしに作る様子を見させていただきました

小さなフライパンに
たっぷりバター
ちびくろさんぼの
パンケーキに勝る
おいしそうなオムレツ
ができました
ちびくろさんぼは
こんなにおいを
かいでいたのかな
思い出しただけで
ほっぺた落ちちゃう
早くトラバター缶が
発売にならないかな
TIGER BUTTER
TIGER 100%
家でまねして
やってみよう
かなあ
と思ったけど
乳業について思いを
めぐらせているうちに
とんとん
くるくる
すでに佳境!
はっ
ちだおが
チャーリーズなら
さわらびは…
むむむ
答えがみつかるまでは
ハシゴしてみます

女のひとり飯
2017.5 54
あのゴングを鳴らすのはギョーザ
こんにちは
ジュンコです
大相撲中継を
聞きながら
描いています
いつかいつか国技館で
お弁当食べながら
観戦したいなあ
先日初めて
女子プロレスを
見に行きました
仙台には仙台ガールズ
プロレスリングという
SENDAI GIRLS PRO WRESTLING
女子プロレスの団体が
あり「仙女」として知られ
…ていることを山栽々
温泉のみなさんに
よく
来て
くださって
へえー
教えられて知りました
いつも行く整骨院の
先生からも
よく来て
くださって
へえー
勝手にご縁を
感じていたところ

峩々ブラザーズの弟さんご夫妻から
一緒に行ってみる?
お誘いいただき
わーい
観戦ツアーに
ひゃー
おじゃましました
勝手にご縁を感じていた里村明衣子選手は
「女子プロレス界の横綱」
ワーワー
貫禄たっぷり
リングの外ではやさしくて丁寧で
笑顔がきらきらチャーミングでした
終了後ロビーにて
みなさん声援で喉が乾いたところで
ギョービでうるおしに行くぞー!!
えいえいおー!!
豆知識
ギョービとはギョーザでビールのこと。
移動の車中にて
パン焼いてきたの
お土産をいただいて
わーい

小腹スキーガールズは
ギョービ入らなくなるからダメ!!
ひそ
ひそ
いま食べたい…
お腹のゴングを鳴らしながら
国分町のネオンの中てくてくぐうぐう
ゴーン
やってきたのは
かっこいい!
タイガー軒
料理長さんは
待ってたよー
ご夫妻の顔なじみ
メニューを開いて
何にしようか
話していたら
料理長がすでに作り始めてます
ほぼ
シェフのおまかせコースに
お料理を待つ間に
仙女とギョービに
かんぱーい!
まずはビをいただき
続々とやってくる
ギョーを
もりもりとたいらげて

悪役ふうのカサンドラ宮城選手が
思いのほかキュートだったことなど話していると
料理長が背後からキュートに登場
次はどんな味のがいい?
おいしい料理が矢継ぎ早にやってきて
わんこそばならそろそろフタ…
おいしい……くるしい……
ちょっと待って!あと一品食べて欲しい!
杏仁豆腐だよー
食べたら元気になる!
わわーおいしい!
でしょ
これを食べればちからがわいて明日もがんばれるよ
お腹いっぱい胸いっぱい転がって帰り
ゴロン
BTQ(バタンキュー)
翌朝もまだ興奮さめやらず
夢心地でおいしいパンをほおばったのでした

女のひとり飯
2017.6 55
秋田よいとこ三度も四度も何度でもおいで号
こーんにちは
ジュンコです
先日、取材で
秋田へ行きました
秋田新幹線のこまちちゃんは
のんびり屋さんで…
山のあいだや田んぼの中をゆったりと
景色を愛でつつすすむのがよいです
途中から後ろ向きに進むのには
初め驚きましたが
何回か通ううちに
悪くないなあと思うようになりました
秋田では3日間
おもちをめぐる旅をしまして

毎日おもちで満腹
お腹が空く暇がなく
1日目
2日目
3日目
日に日にもちもちして
帰りのこまちちゃんに
苦労させてしまいました
秋田はおいしいもの
たっぷり王国ですから
おもち以外も食べて帰りたい…
鏡餅腹で
考えて
いると
2日目の夜
ひとり飯におすすめの店がありますよ
情報のもちこみがあり
秋田駅の近くの
美酒亭 美弥
飲み屋さんへ
入店から
3秒で
好きに
なりました
早い時間だったので
コの字カウンターも
女将も一人占め
メニューどうぞ
むむむ!
勘定奉行の気分で
長めのメニューを眺め

吟味していると
どこから来たの？
おもちをたずねて三千里…
かくかくしかじかあらすじを話したところ
ふむふむおもちといえば…
それでね
もっちりトークに花を咲かせるうち
どーぞー
へえー
山菜の天ぷらです
おいしそう山菜大好きです
コシアブラにウドにタケノコどれもおいしく
春の秋田すばらしい！
と感じ入っておりました
が
山菜はやっぱりおひたしかなあ
それぞれの味の個性がよくわかるし
それを先に…
おひたしも食べたいけどまた来年にします…
ウフフ
そうね、ぜひ！クロモもおいしいですよ
モズクみたいな海藻でもっと太くてねばねば歯ごたえももっと
クロモ一丁お願いします！
山菜も海藻も両方好き

大変美味しゅうございまして
優勝力士の杯いっぱいくらい食べたいなあ
じゃあさっきの山菜のおひたし1ヘクタール…
ぐふふ
お酒は？
はっ
じゃあ秋田のお酒を飲みたいですー
ちょっといいのとかじゃないけどいい？
がさごそ
全然いいです
いつも来るお客さまたちがいつも飲むお酒
私も秋田ののんべえの仲間入りした気分
帰り際にマッチをくれて
お店の住所も書いてあるから
また来てね取材がんばってね
ありがとうございます
タバコ吸わないみたいだけど、トイレのあとのにおい消しに使えるから持ち歩いてみて
ひそひそ
ひそひそ
わかりました試してみます
そのホテルなら帰りにこの道を通ってね
と教えられた場所へ行ってみると
蓮がいっぱいのお堀に夕やけが映ってました
山菜の季節がまた来る前にまた行きたいです

女のひとり飯
2017.8 56
お神楽お神酒で乾杯
こんにちは
ジュンコです
仙台の梅雨はいつ明けるのでしょう
そもそも本当に明けるのでしょうか
ラジオの「夏休み子ども科学電話相談」
どうして仙台の梅雨は…
で聞いてみたいです
ある雨の日ご近所で働くCさんと
ご近所呑みしましょう
わーい
約束をしていて
待ち合わせ場所に着くと
雨が上がったので
傘をたたんで
あおば通
仙台
つつじがおか
榴岡
電車にライドオン
榴岡天満宮の
お祭りに行きました

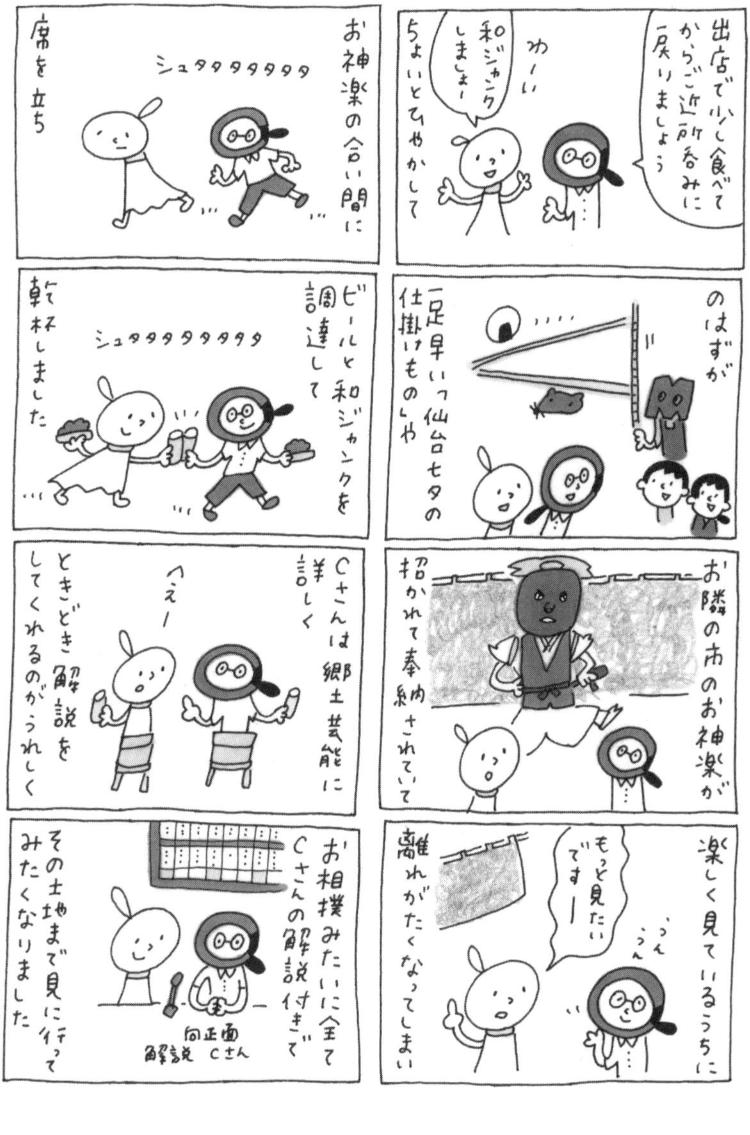
出店で少し食べてからご近所呑みに戻りましょう
わ〜い
和ジャンクしましょー
ちょいとひやかして
のはずが
一足早いっ仙台七夕の仕掛けものや
お隣の市のお神楽が招かれて奉納されていて
楽しく見ているうちに
もっと見たいです〜
うんうん
離れがたくなってしまい
お神楽の合い間に
シュタタタタタタタ
席を立ち
ビールと和ジャンクを調達して
シュタタタタタタタタ
乾杯しました
Cさんは郷土芸能に詳しく
へえ〜
ときどき解説をしてくれるのがうれしく
お相撲みたいに全てCさんの解説付きで
向正面
解説 Cさん
その土地まで見に行ってみたくなりました

ある演目が終わると
舞台上の演者のかた
に指をさされ
手招きされて
オイデ
? ?
きょとんと
してしまいましたが
観客のみなさんの
声に背中を押され
オイデ
オイデ
よんでるよー
いってみなよ
舞台へ近づいてみると
舞に使った御幣を
アゲル
アリガトウ
ゴザイマス
いただいちゃいました
みなさんの温かい拍手
の中、御幣を手に
パチ
パチ
ペコリ
席へ戻りました
その後Cさんも御幣
を授けられ
ドンドン
ピーヒャララ
二人で御幣とビールを
手にお神楽見物
すると「仕掛けモノ」を
店じまいした
おつかれさまです
Mさんがやってきて
どうしたの
それ
かくかく
しかじか
地元っ子のMさんも
驚いてました

3人並んで乾杯しながら
お神酒だね
引き続きお神楽を
小さい子どもたちが見よう見まねで踊るのをほほえましく眺めていると
今度は竹でできた矢が飛んできて
ヒューン
踊っていた子どもたちが拾ってきて
1本は自分のものにもう1本はMさんに
そしてMさんは
私とCさんに譲ってくれました
帰りの電車は
ちょっと不思議な二人組
銃刀法違反になるでしょうか
さりげなくバッグから矢が…
お祭りだし大丈夫だよ
結局ご近所呑みは来月に持ち越しとなり
よい夏になりますように
お祭りのお土産は机のそばに飾りました

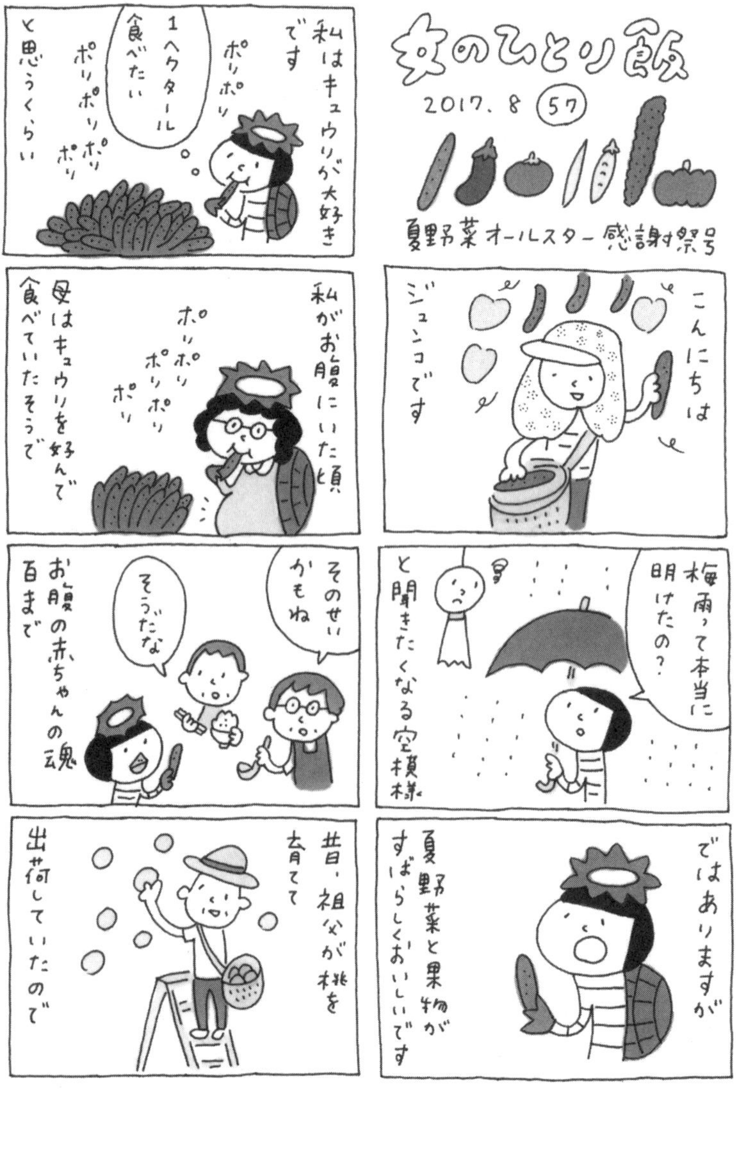
女のひとり飯
2017.8 57
夏野菜オールスター感謝祭号
こんにちは
ジュンコです
梅雨って本当に明けたの？
と聞きたくなる空模様
ではありますが
夏野菜と果物がすばらしくおいしいです
私はキュウリが大好きです
ポリポリ
1ヘクタール食べたい
ポリポリポリポリ
と思うくらい
私がお腹にいた頃
ポリポリポリポリポリ
母はキュウリを好んで食べていたそうで
そのせいかもね
そうだな
お腹の赤ちゃんの魂百まで
昔、祖父が桃を育てて
出荷していたので

夏休みのおやつの定番は
サイダーと桃もしくはとうもろこしでした
小さな頃から福島で食べていた桃は
固くて甘くてとってもおいしくて
福島を離れて食べる桃は
やわらかい…
おいしいのですけどね
お盆に里帰りして福島の桃を食べて
固い！甘い！福島の桃ばんざい！
これぞ夏これぞ桃
福島では桃を「もんも」
mon-mo
tou-migi
とうもろこしを「とうみぎ」と言い
さやいんげんは「ささぎ」と言います
sasagi
別のものみたいですよね
「ささぎ」が正式名称と思いこんでいて
ささぎが実家から届いて…
カササギ？
話が通じなかったことがあります
えんどう、いんげん、枝豆、空豆…
豆系の夏野菜も大好きです

そうそう、この間
帰ったときは
母が「しそ巻き」を
作ってくれました
くるみ・ごま・唐辛子、
砂糖を入れた味噌を
しその葉で巻いて
揚げるのです
小さい頃はごはんの友
でしたが
いまではビールの
大親友です
味噌を凍らせると
巻くのも揚げるのも
やりやすいって聞いて
へえー
今日初めて
試し…
ガッン
あっ
何かが
違っていたようです
前に実家から届いた
ししとうが
猛烈に辛かったこと
があり
南蛮も
入ってた？
入れてないよー

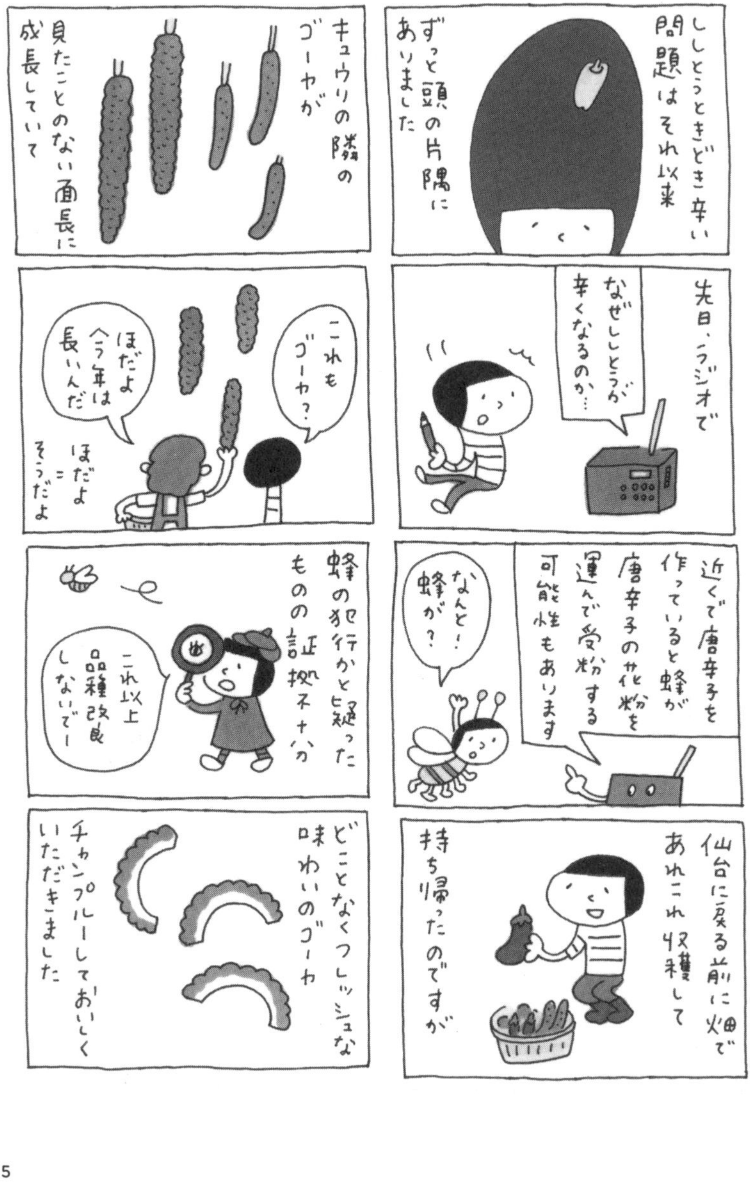
ししとうときどき辛い
問題はそれ以来
ずっと頭の片隅に
ありました
先日、ラジオで
なぜししとうが
辛くなるのか…
近くで唐辛子を
作っていると蜂が
唐辛子の花粉を
運んで受粉する
可能性もあります
なんと！
蜂が？
仙台に戻る前に畑で
あれこれ収穫して
持ち帰ったのですが
キュウリの隣の
ゴーヤが
見たことのない面長に
成長していて
これも
ゴーヤ？
ほだよ
今年は
長いんだ
ほだよ
＝
そうだよ
蜂の犯行かと疑った
ものの証拠不十分
これ以上
品種改良
しないでー
どことなくフレッシュな
味わいのゴーヤ
チャンプルーしておいしく
いただきました

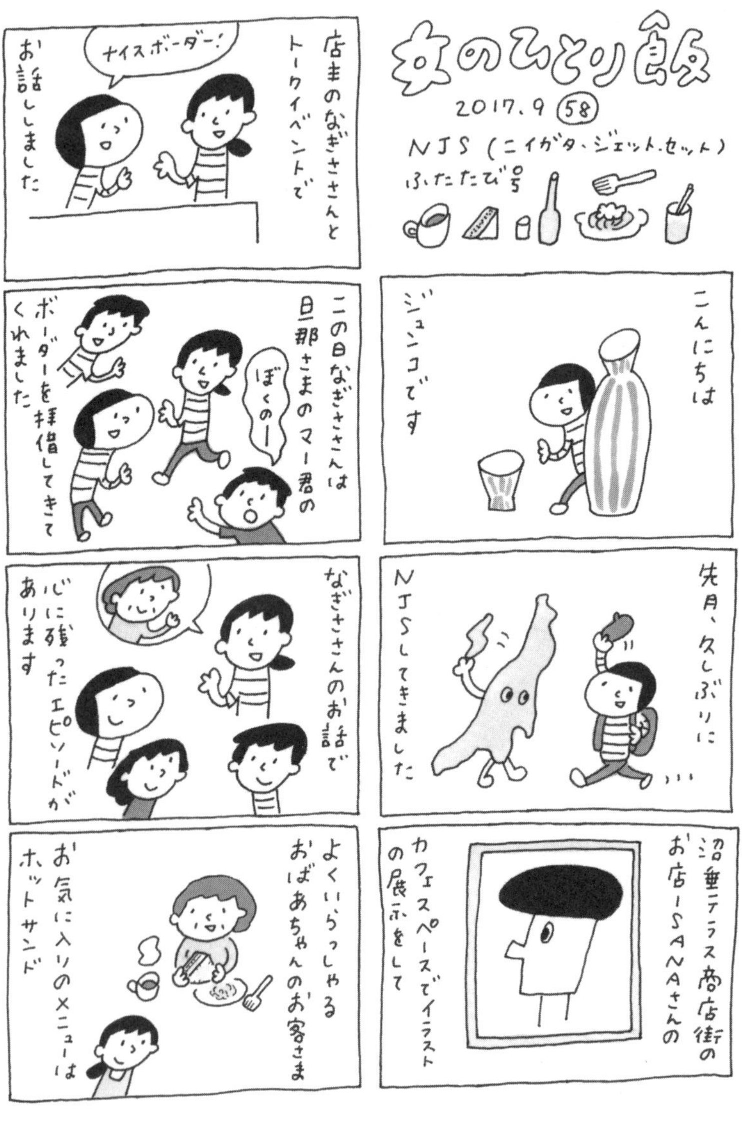
女のひとり飯
2017.9 58
NJS(ニイガタ・ジェット・セット)
ふたたび5
こんにちは
ジュンコです
先月、久しぶりに
NJSしてきました
沼垂テラス商店街の
お店・SANAさんの
カフェスペースでイラスト
の展示をして
店主のなぎささんと
トークイベントで
ナイスボーダー!
お話ししました
この日なぎささんは
旦那さまのマー君の
ぼくの——
ボーダーを拝借してきて
くれました
なぎささんのお話で
心に残ったエピソードが
あります
よくいらっしゃる
おばあちゃんのお客さま
お気に入りのメニューは
ホットサンド

注文するときは
いつも
デラックス
くださいな
はーい
と言っていたそう
私が説明するのは
もったいないくらいの
思い出して、じーんと
しちゃうお話です
もうそのかたには
お会いできませんが
きっと
チャーミングな
おばあちゃん
だったん
だろうなあ
と想像しながら
聞いていました
来てくださったお客様
から
すてきなプレゼントを
いただきましたよ
なぎささんの作る
ホットサンドは、きっと
おばあちゃんにとって
特別ないつものごはんで
髪が伸びて増えて
少し前まで
スヌーピーによく似て
いたのですけれど
なぎささんに会いに
ISANAさんに行く時間が
大切なデラックスな日常
だったんだろうなあって
ISANA
それを再現した
手作りポーチ
前
後

わー!! うれしい! ありがとうございます
びっくりするやらうれしいやら興奮して
写真を撮ってもらったのですけれど
ちょっと混乱しそう
終了後はお向かいの
大佐渡たむらで
みんなで乾杯
ナンダロウさんの
RYUTist論に
聞き入ります
フム フム
フム フム
翌日は北書店にて
新潟のアイドル
RYUTistのイベント
「柳書店」
初めて観るアイドルの
ライブ
キラキラまぶしくて
キュンとしました
RYUTistをみつめる
ナンダロウさんの
後ろ姿からも目が
離せませんでした
終了後メンバーのみな
さんとお話したら
ほんとうにまっすぐで
まぶしくてすてきで

なんだかもう
ちりになりそうでした
NJS最終日
再びーSANAさんへ
掃いて捨てるよー
ぎゅん!!
デラックスくださいな
はい!
今回も北書店で
いらっしゃいませー
店番しましたよ
この日のこの時間は
私にとって
とってもデラックスで
新潟に着いて初めに
したことは
銀行行ってきてー
両替でした
私も誰かのデラックスの
もとになれたら
うれしいなあと
思いました

バスセンターでは立ち食いそば屋さんの
黄色いカレーの誘惑にも負けず
みかづきのカレーイタリアンおいしいよ
採用!!
新潟の「イタリアン」はイタリア料理ではなく
焼きそばにトマトソースをかけたもの
よく
ナポリタン
と言い間違えて
イタリアン!!
と訂正されます
カレーイタリアンはイタリアンのソースを
カレーに変えたからカレーイタリアン
できたてが一番おいしくて時間がたつと…早く!!
アドバイス通りできたてをペろり
大変おいしくいただいて
あずきアイスにソフトクリームがのったのもおいしいよ!
そちらは次回のお楽しみ
満腹でバスに乗りこみ
たくさんのデラックスな時間を反芻しながら
ムニャムニャ
ボーノでナマステ
仙台へ帰りました

北書店が縁で知り合った
佐渡のドーナツ屋さん
「おいしいドーナツタガヤス堂」の
タガヤスさん。
やさしいまあるいおいしさの
ドーナツも大好きですが
タガヤスさんが育てた
お米もとってもおいしく
食べ盛りが遅れて
やってきてしまいました。

女のひとり飯
2017.10 59
Bar Roadへ
いらっしゃい!
こんにちは
ジュンコです
突然ですが
モデル業はじめました
国分町の老舗のバー
Bar Roadが
創業50周年に向け
Bar Road
ウェブサイト開設のための
写真撮影を行うことになり
イメージ
店内で楽しくお酒を飲んでいる様子を、ということで
白羽の矢が立ち
喜び勇んでおじゃましました
今夜はごちそうします
バー・ロードでは先代のママ、好子さんに
お話をたくさん伺って

おうちにもおじゃまして
手料理をいただいて
愛犬シェリとのんびり
過ごしたりして
『仕事場のちょっと奥まで
よろしいですか?』という
本で紹介させて
いただきました
バーのママ
二郷好子さん
いまは好子さんの娘の
愛さんがママで
いとこでバーテンダーの
誠さんと二人で経営
好子さんとシェリは
天国で
愛と誠コンビを
見守っています
撮影当日
何を着て行くか
ほんのりと悩んだ末
バー・ロードの落ちついた
雰囲気にあわせて
マイ・ベスト・ぱりっとした
服に身を包み
どきどきしながら
扉を開けると
二人がにこにこして
迎えてくれるので
どきどきが一瞬で
わくわくに変わります

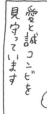

あれー？ボーダーじゃないのね
あっほんとだ
今日はモデル仕様でおめかし…
えへへ
どきどきはドアの向こうに置きっぱなし
そのまま忘れて帰ってしまうことが多く
どきどき
カウンターに飾られた好子さんの写真を見て
またおじゃましてますよー!!
ごあいさつできるのもうれしいです
お酒をいただいてみんなでおしゃべり
しながらの撮影はとても楽しく
常連さんともたくさん
おもしろい博物館が…
へえー
お話しできて
近々、仕事場に社会科見学に行っていいですか
もちろん
ほんとに押しかけますね
なんてときどき話しているとときどきカメラマンさんが
ストーップ！
シャッターチャンスを宣言するため
だるまさんが転んだ方式で
みんなで静止します

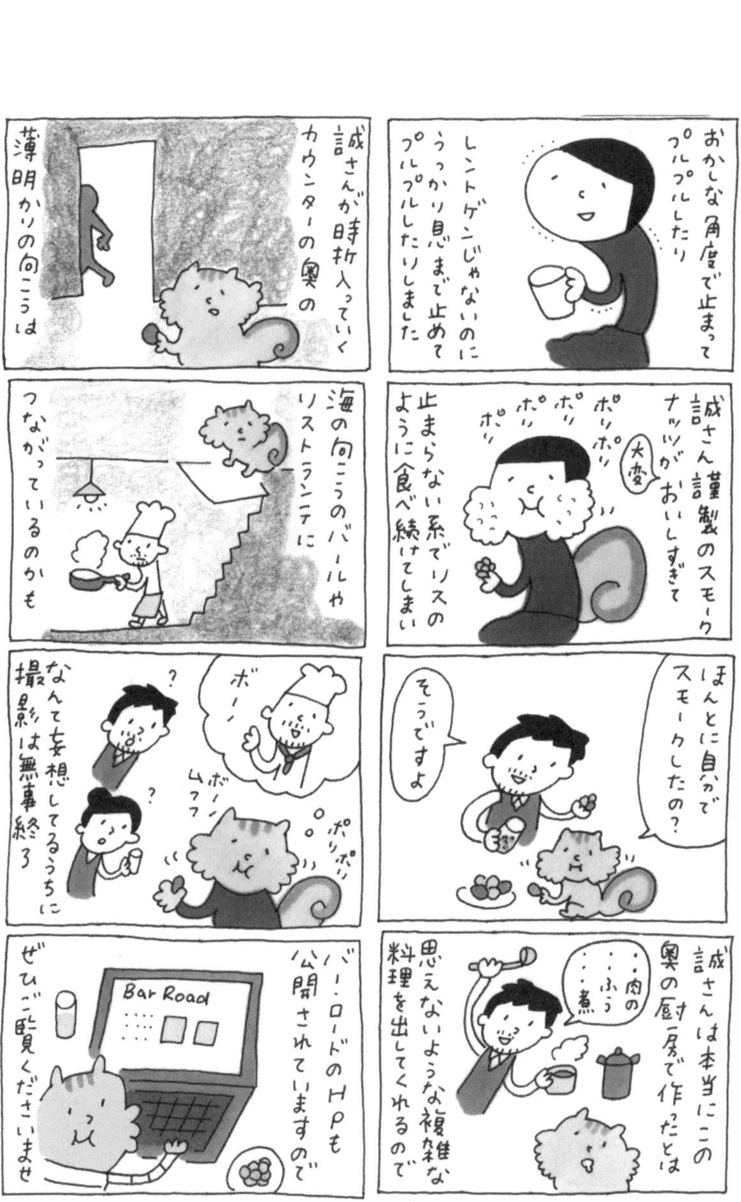
おかしな角度で止まって
プルプルしたり
レントゲンじゃないのに
うっかり息まで止めて
プルプルしたりしました
誠さん謹製のスモーク
ナッツがおいしすぎて
大変
ポリポリ
ポリ
ポリ
ポリ
止まらない系でリスの
ように食べ続けてしまい
ほんとに自分で
スモークしたの?
そうですよ
誠さんは本当にこの
奥の厨房で作ったとは
…肉の
…ふう
…煮
思えないような複雑な
料理を出してくれるので
誠さんが時折入っていく
カウンターの奥の
薄明かりの向こうは
海の向こうのバールや
リストランテに
つながっているのかも
ボーノ
ボーノ
ムフフ
ポリポリ
なんて妄想してるうちに
撮影は無事終了
バー・ロードのHPも
公開されていますので
Bar Road
ぜひご覧くださいませ

女のひとり飯
2017.11 60
暖かくて寒くて温かい冬号
そのうち新学期早々
遅刻寸前で猛ダッシュ
パンをくわえて曲がり角
で憧れの先輩にドン!!
こんにちは
ジュンコです
しかねないとは言い切れ
ませんが当社の通勤は
布団から徒歩10秒と
大変便利でございます
まだ11月だというのに
あと5分
あと10分
30分まで
あとちょっとだけ
布団から出たくない病
が重症です
しばらく前からストーブ
も導入しており
お湯をわかしてお茶を
入れるのはもちろん
ぐだぐだだらだら
うとうとうかうかしてると
えっもう
こんな時間?
近いうちに朝市へ
行ってサツマイモを
買ってストーブで
焼いて…
ぐぅぅぅぅぅ

でもサツマイモじゃなくて
指の多すぎるグローブ
一度買ってみたかった!
みたいなバナナを買ってしまい
凍らせて牛乳とヨーグルトとミキサーにかけて
健康的な朝ごはん
すごくおいしいけど
すごくすごく体が冷える…
次に朝市に行ったら
サツマイモ買って
キノコとお豆腐も
ストーブで鍋して
ブツブツ
寒くて暖かい秋の終わり
冬の始まり
朝市のコロッケ屋さんの
秋限定の栗コロッケが
大変かわいらしいうえ
大変おいしゅうございます
焼き栗コロッケ
…円
秋になると
栗尾根マロン彦の
たらちねロマン飛行
このようなイラストを描き続けるため
栗コロッケを食べるときも
マロン彦…
思い出さないわけではありませんが
もったいなくて食べられないと言って
食べなかったことは一度もないのであります
冬将軍が仙台に寝泊まりしだしたら
マロン彦はお休みして
別のものを描きます

冬といえば
お
で
ん
先日、福島で暮らすかたに誘っていただき
仙台市内のおでん屋さんへ行きました
細い路地の入口には
看板代わりの電球
薄暗い階段を昇って
ドアを開けると
明るい板張りの床に上がってカウンターへ
大きなおでん鍋からはおいしそうな湯気
景色が激変してファンタジーかと思うくらい
夢心地のままカウンターに並んで座りました
おでん鍋に何やらおいしそうなもの発見
ムムムム
しいたけの肉詰め？
おでんの盛り合わせを注文し
しいたけの肉詰めも入れてください
いーですよー
わーい
よかったね

店主のかたが福島市の出身だそうで
お酒は福島のものを揃えてます
へぇー
私は福島県の霊山町の出身ですが
お酒を飲むようになる前に仙台に来たので
福島のお酒といえば道路沿いにある山の上の
大七
大きすぎる…
巨大な看板を通学のバスの車窓で見たくらい
おすすめを教えていただいて
わぁーおいしいですー!!
ウフフよかったね
おいしくいただきました
仙台での暮らしの方が長くなって
私の体には福島でできた細胞がほとんど残ってないのかも…
福島
仙台
なんて考えたりして
でもこうして仙台で福島のおいしい成分が
自然酒もいいですよ
体にしみわたるのは不思議でうれしく
あのまちにもあのまちにもこんなにおいしいお酒があったのかと
いまになって知ることができたのも、とてもうれしくもっと知りたいなあって
この冬の間に福島にもおでん屋さんにも
しいたけ肉詰め1ヘクタールおかわり
また帰りたいです

女のひとり飯
2017.12 61
遠くて近い里の味号
こんにちは
ジュンコです
サンタさんへ
クリスマスに灯油が
無限に湧き出る一斗缶を
ください。
ジュンコ
ところで、最近
徒歩圏内で
引っ越しまして
引っ越しが完了した日
お昼ごはんは近所で
引っ越しそばに
しました
藤や
冷やし中華
年中やっております
ジュンコちゃん
たちに
冷やし二つ！
ガス台を新調して
長年の夢だった
おうちで焼魚定食
もできるようになり

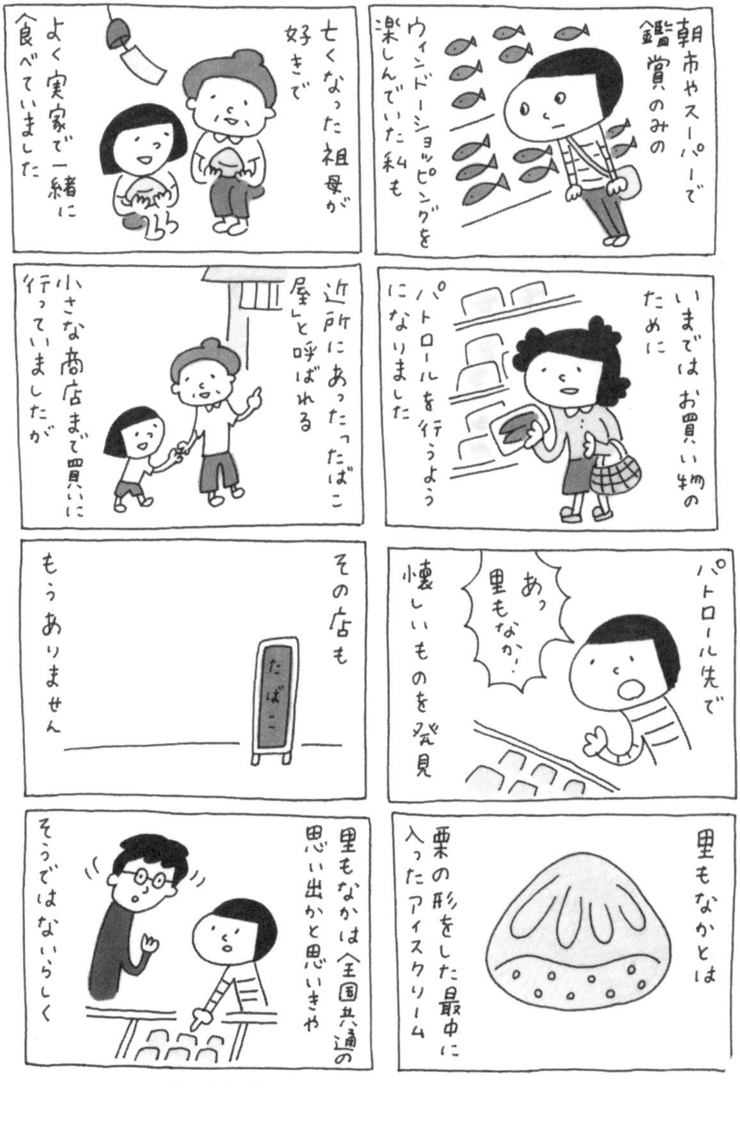
朝市やスーパーで鑑賞のみのウィンドーショッピングを楽しんでいた私も
いまではお買い物のためにパトロールを行うようになりました
パトロール先で懐しいものを発見
あっ里もなか…
里もなかとは栗の形をした最中に入ったアイスクリーム
亡くなった祖母が好きでよく実家で一緒に食べていました
近所にあった「たばこ屋」と呼ばれる小さな商店まで買いに行っていましたが
その店も
たばこ
もうありません
里もなかは全国共通の思い出かと思いきや
そうではないらしく

マロン彦っぽいね
おいしそうだし思い出があるようだし買ってみようよ
冷蔵庫も大きいものに買い換えたので
奮発して買いだめしてみました
実家がご近所で（といっても田舎なので数キロ離れています）
私を生まれた頃から知っているかたが
仙台でもご近所で
仲よくしてもらっています
半生を共にした枕がぺっちゃんこのせんべい枕で…
肩こりひどくて奮発していい枕を買ったらだいぶよくなったよー試してみる？
お仕事帰りに
枕を抱えて寄ってくれました
一晩お試し貸出
大変よい睡眠でございました
次の日も寒い中引き取りに来てくれて
どうだった？
買います

里もなか ご存知ですか?
たばこ屋で売ってたマロン菓みたいな…
わあ懐しい!
寒い晩に冷たいもので恐縮ですが
おうちであったかくしてどうぞ
うふふ ありがとう
その後 われわれも
かわいいし おいしいね
でしょ?
おいしくいただきました
ご近所さんもあったかいお部屋で
おいしく食べていたらいいなあ
ふう おいしかった
また食べようね
ちょっとたばこ買ってくるね
いって らっしゃい
里もなか買いにスーパーまで行っちゃった
わわー 早速うれしい!
お正月に帰ったら父と母に報告です
あのスーパーをたばこ屋と呼ぼうかしら…

女のひとり飯
2018.1 62
ノーつきたて餅ノー正月号
あけましておめでとうございます
今年もよろしくお願いします
ジュンコです
みなさんは「2018」と書くのに慣れましたっ?
私はまだ全然です
和暦も年末までよく間違えていましたが
平成30年!!
今年は大丈夫そうな気がします
一番町四丁目商店街の日本酒スタンディングバー
菅原酒店さんへ
日本酒ではなく
琥珀…
琥珀エビスね
ビールをよく飲みに行きます
ここでよくお会いする
Tさんご夫妻から
年末に餅つきにお誘いいただき
私の実家の恒例行事でよかったら…
わーい! 行ってみたいですー

12月28日の昼すぎ ご実家におじゃまi すると
ごちそうさま
親戚や近所のかたが帰るところで
もう餅つき終ろう?
ではなくて
上がってつきたて食べてね
あと5回はつくからね
どうやらすでに中盤戦で、休憩中のよう
どうぞどうぞ
どうもどうも
ご家族に混じってこたつに入っていると
次から次へとお餅祭
あんこ餅
納豆餅
くるみ餅
わっしょい
わっしょい
初めて食べるお餅も
大根おろし?
鬼おろしにしょうゆをたらしてみて
鬼食感! さっぱりしておいしい!
大根は胃にやさしいからいっぱい食べたあとにいいよ
飴餅はどう
お餅にとろとろの飴をかけて
麦芽飴
きな粉をまぶしたもの
初めてなのに懐しい味…サウダージ?
母が県北からお嫁に来たから
餅文化の田《デ》だよ

くるみ餅もおいしいでしょ
父の入魂の作です
すごくおいしいです！なんだかもうスイーツみたい
ほわー
庭へ出ると蒸したての餅米が
臼の中でもうもうと湯気を上げています
くるみは自信作!!
冬になるとくるみを何百個も調達して砕いてすって…大変！
自家製でこんなにおいしく…
食べてごらん
餅米の時点でおいしい！
くるみのあんはとろとろ甘いおいしいスープみたい
年中飲みたいおいしさ
庭の奥の釜で蒸してるんだよ
へえー外で、しかも釜で！
すでに次の回の分の餅米を蒸かしています
準備ができたよー
ふぃーー
もちつきするよ！
さっきまで粒だった餅米が
あっという間にもちもちふっくらのお餅になって

みんな交代で杵を振るいますが
ウッッ
やさしい音だね
ペちゃん
ベテランにはかないません
市販のお餅では満足できず
実家に帰ってつきたての餅を食べよう…
お父さんに代わると
どふん
いい音！
そしていまも家族みんなで集まって
なかなかいいな！
結婚後はTさんもレギュラー入りし
杵も臼も百年以上使ってるの
中がすり減っちゃって…
すごーい！年代物ですね
近所の子どもたちも毎年やってきますが
力持ちの男の子が卒業して仕事で来られなくなって…
チラッ
この杵と臼でついたお餅以外食べられない！
仙台を出て暮らしたこともあったのだけど…
今年の年末もお誘いいただければ
12月28日空いてる？
？
？
力持ちをスカウトしておじゃまいたします

女のひとり飯
2018、2 63
同じ釜の飯もいいけど
同じ鍋の旬もいい号
こんにちは
ジュンコです
寒い日が続きます
こんな夜には鍋よねえ
とお買い物へ行くと
葉物野菜激値上がり!
庶民は家で鍋もできない時代なの?
白菜を買うお金で缶ビール何本…?
冬に鍋ができないなんて…
そんなときは
愛の救援物資
母が家で育てている野菜をどっさり
送ってくれてありがたやーです
第60回に登場した福島からのお客様の
いな穂
いな穂
リクエストで「いな穂」さんのセリしゃぶを

仙台では
花見した？
芋煮した？
と同じように
せり鍋食べた？
という会話があり
この季節を楽しんでますか？
という意味に近い気がしています
花火やサンマもそうです
風物詩ですね
仙台セリを使ったせりしゃぶは
根っこも食べます
ここが特においしい！
初めて食べたときは
根っこまで食べることに驚き
そのおいしさにさらに驚き
遠くの街からやってくる友人たちに
仙台に冬に来るならせりしゃぶを
仙台セリのおいしさを触れ回り
おいしいね！
と喜ばれれば
そうなのおいしいの
でしょでしょ
自分の手柄の如く喜び、胸を張り
いや私は一人のファンで偉いのはセリを育てる農家さんだ
と気づく
…これを毎年くりかえしています
この日はスペシャルゲストに
セリ農家の三浦さんにお越しいただき
わーい

せり鍋奉行をお願いしました
ははー
三浦さんは代々続くせり農家で
今朝採って出荷したせりをお店で調理してもらうって…ぜいたく!!
こちらのお店のせりも三浦さんが育てたもの
せりはもともとお浸しや七草がゆなどに
せりなずな…あとは何だっけ?
使われることがほとんどでしたが
せりしゃぶはせりが主役
だしとしょうゆの汁に鴨肉を入れて
せりをさっとしゃぶしゃぶ
もういいですよ
すぐに食べ頃
カニは無言になると言いますが
ほわー
せりしゃぶの一口目もそうかもしれません
各々おいしさに浸りきったところで
おいしい!
他に具入れないの
根っこはどうやって洗うの?
いつからせり鍋するように?
怒濤の質問タイム
一つ一つ丁寧に答えていただき
十数年前先代のこの店の親方と試行錯誤しながら作って…
ふむふむ

いまの時期根の白いところが一番おいしいんです
ほくほくしておいしい!
宮城のおいしい地酒もたくさんいただき
この蔵は若い人たちががんばっていて…
へぇー
たくさんお話して
その土地のおいしいものを旬のときにその場所で食べるってすばらしい!!
と、しみじみ思いました
おいしいセリを作ってくれてありがとうございます!!
と思いの丈を伝えたところ
いえ私だけではなくて…
根っこをきれいに洗っておいしく食べさせてくれる親方のような方がいるからです
はっ
親方にも感謝!
三浦さんはセリを育てながら、仙台セリという伝統野菜と農業とおいしいものの文化と街といろんなものを育てているように思います
冬が終わったら何を育てるの?
春セリもおいしいし初夏はミョウガタケ
また食べに来ます!!
仙台に住んでいてよかったし、仙台に来てくれてうれしいなあと思うおいしい楽しい夜でした

女のひとり飯
2018.3 64
続・同じ釜の飯もいいけど
同じ鍋の旬もいい号
こんにちは
ジュンコです
節分の日にお寿司屋さんに行ったら
もしよかったら
黒いバトンを手渡され
恵方巻の細巻
わーい
かわいらしい!
南南東を向いてほがらかにいただきました
クリスマスには
これ…よかったら…
?
サンタ握りをいただきました
マグロ
イカ
いくら
のり
メリークリスマ寿司
バレンタインに行ったときは
いいのが思いつかなくて…
いい案あいます
すごいハート細巻
あん肝ハート軍艦
来年のバレンタインが楽しみです

ともだちができた
カキの名産地
鍋の会の召集がかかり
カキは買ってある
では酒を
つまみの材料を朝市で買っていく
松島のカキをおいしくいただくべく
名産地のお宅へおじゃましました
みながテキパキ仕度をするとき大抵
私は猫の手にも足りない役立たずで
ぐぅー
座って飲んで待ってなさい
はーい
となることがほとんどですが
佐藤さんちょっと
先生からキッチンに呼び出され
シシトウを爪楊枝に刺しといて
へいっ
板前修業が始まり
あとは焼いて塩コショウするだけ！簡単でしょ
すでにおいしそうです

さてさてカキですよ
まずは生をポン酢で
わぁーぷりぷり
おいしそう!
塩釜の太田與八郎商店のゆずぽん酢しょうゆが
大変おいしい!買いに行く!!
他にもいろんなものにかけたい欲うずうず
大きくはないけれどぷりぷりつやつやグラマラスじっくりたっぷり抱きしめるようにかみしめていただき
さて次はカキ鍋ですよ
はぁー鍋もいい!
そして日本酒もいい
ます!
パクモグ
つるっ
ゴクン
味わい尽くす前に飲みこんじゃった…
地酒・一ノ蔵の「立春朝搾り」
改めて今年もよろしくね
立春の日だけ、地元でしか飲めない縁起物
次の一つはよくかんでよく味わい
離れたくない飲みこみたくない
解脱しそう
ああもうカキ酢もカキ鍋も地酒も
ウマウマウマウマ
全部おいしくて喜びを持て余してしまう

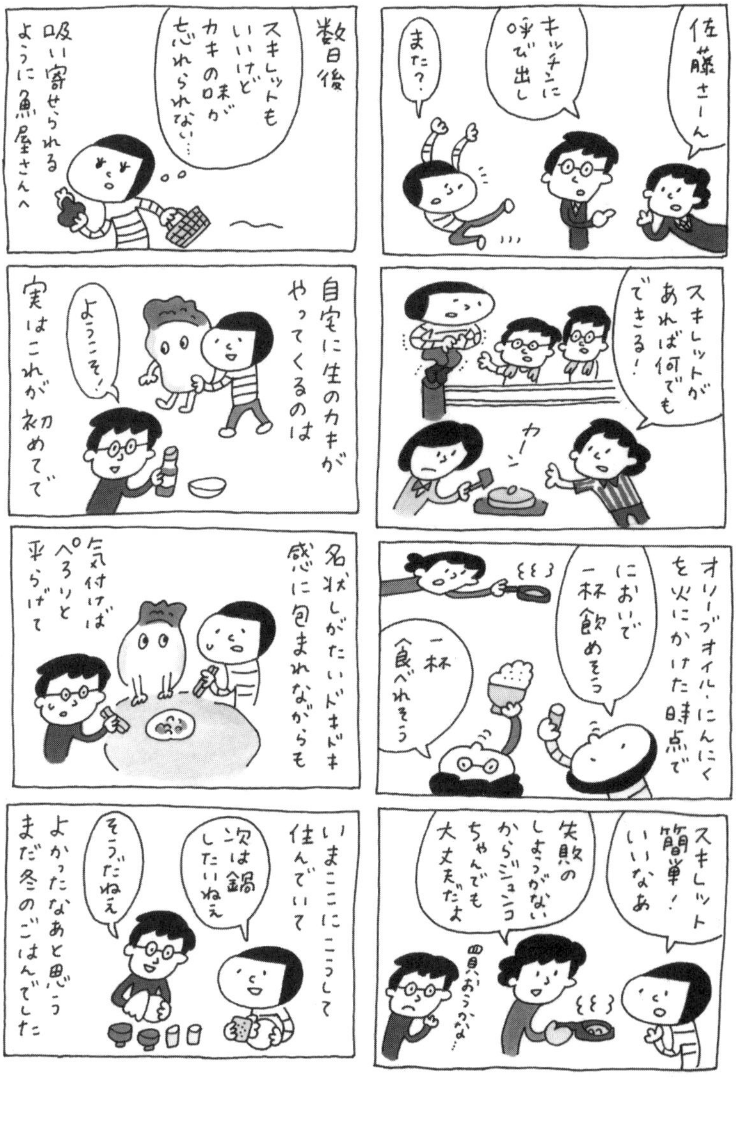
佐藤さーん
キッチンに呼び出し
また？
スキレットがあれば何でもできる！
カーン
オリーブオイル・にんにくを火にかけた時点で
においで一杯飲めそう
一杯食べれそう
スキレット簡単！いいなあ
失敗のしようがないからジュンコちゃんでも大丈夫だよ
買おうかな…
数日後
スキレットもいいけどカキの味が忘れられない…
吸い寄せられるように魚屋さんへ
自宅に生のカキがやってくるのは
ようこそ！
実はこれが初めてで
名状しがたいドキドキ感に包まれながらも
気付けばぺろりと平らげて
いまここにこうして住んでいて
次は鍋したいねえ
そうだねえ
よかったなあと思う
まだ冬のごはんでした

おわりに
改めまして、こんにちは
ジュンコです
改めて振り返ると
お腹いっぱい率が高すぎる…
そりゃやせる暇もないよ
ぽっちゃり化は深刻な問題ですが
おいしい楽しい思い出がいっぱいで幸せです
連載が終わるとき
もう楽しいごはんを描けないのはさみしいなあ
なんて、ちょっぴりさみしくなりました
連載が始まった頃
私の小さな冷蔵庫はいつもすっからかんで
いっそのこと電源を抜いて本棚に…
と半分本気で考えたこともありました
5年後のいま、少し大きくなった冷蔵庫には
何かしらおいしく食べたいものが入っていて

台所で過ごす時間が
前より少し長くなり
前より楽しく、前より
好きになりました
私にも街にもいろんな
変化があって
長年のご愛顧
ありがとうござい
ました。
さみしい出来事も
ありました
それでも、あのひとが
作ってくれるあのごはんが
恋しくて街へ出るのが
好きなのは相変わらずで
これからもずっと
街と飯の日々は
福福と続きます
そうそう、この間
みんなで夜桜を
見に行きました
仙台の夜はまだまだ
寒くて
息が白い…
たこ焼きで暖をとろう
首をすぼめて並んで
歩く帰り道が
きれいだったね
散る前に来れてよかったね
さみしいけれどうれしくて
大事に覚えておきたい
こんな日がこれからも
またね!
たくさんあるといいなあ
と思ったのでした

本書は「みんなのミシマガジン」(http://www.mishimaga.com)の連載タイトル「女のひとり飯」を改題し、加筆・再構成したものです。

佐藤ジュンコ（さとう・じゅんこ）

１９７８年福島生まれ。福島育ち、仙台暮らし。イラストレーター。仙台駅前の書店に勤務しながら、手描き漫画フリーペーパー「月刊佐藤純子」を不定期発行し、友人知人に押し配りするうち、イラストの仕事もするように。２０１４年に書店を退職し、２０１５年からイラストレーターとなる。著書に、シリーズ「コーヒーと一冊」『佐藤ジュンコのひとり飯な日々』（ミシマ社）、『月刊佐藤純子』（ちくま文庫）、『仕事場のちょっと奥までよろしいですか？』（ポプラ社）などがある。２０１８年４月よりウェブマガジン「みんなのミシマガジン」にて「マロン彦の小冒険」を連載。

佐藤ジュンコのおなか福《ふく》福《ふく》日記

二〇一八年六月三日　初版第一刷発行
二〇一八年七月二日　初版第二刷発行

著者　佐藤ジュンコ
発行者　三島邦弘
発行所　株式会社ミシマ社
郵便番号　一五二-〇〇三五
東京都目黒区自由が丘二-六-一三
電話　〇三（三七二四）五六一六
FAX　〇三（三七二四）五六一八
e-mail　hatena@mishimasha.com
URL　http://www.mishimasha.com/
振替　〇〇一六〇-一-三七二九七六
ブックデザイン　名久井直子
印刷・製本　株式会社シナノ
組版　有限会社エヴリ・シンク

ISBN 978-4-909394-06-4